高中数学中的数形结合教学研究

何远红　著

Ⓢ 吉林大学出版社

长　春

图书在版编目(CIP)数据

高中数学中的数形结合教学研究 / 何远红著. -- 长春：吉林大学出版社, 2020.8
ISBN 978-7-5692-6899-7

Ⅰ. ①高… Ⅱ. ①何… Ⅲ. ①中学数学课–教学研究–高中 Ⅳ. ①G633.602

中国版本图书馆 CIP 数据核字(2020)第 154603 号

书　　名　高中数学中的数形结合教学研究
　　　　　GAOZHONG SHUXUE ZHONG DE SHU-XING JIEHE JIAOXUE YANJIU

作　　者　何远红　著
策划编辑　刘　佳
责任编辑　刘　佳
责任校对　柳　燕
装帧设计　郭少飞
出版发行　吉林大学出版社
社　　址　长春市人民大街 4059 号
邮政编码　130021
发行电话　0431-89580028/29/21
网　　址　http://www.jlup.com.cn
电子邮箱　jdcbs@jlu.edu.cn
印　　刷　长春市昌信电脑图文制作有限公司
开　　本　880×1230　1/32
印　　张　8.625
字　　数　180 千字
版　　次　2020 年 8 月　第 1 版
印　　次　2020 年 8 月　第 1 次
书　　号　ISBN 978-7-5692-6899-7
定　　价　36.00 元

心素养教学目标，使学生不仅能够通过高中数学学习获得有效的数学知识，还能够掌握思想方法，促进学生智力、思维以及情感态度的全面发展。

由于笔者水平有限，书中还存在许多不足，希望读者能够不吝指正。

何远红

2020 年 3 月

前　言

　　这是一本关于高中数学教学中的数形结合教学研究的学术著作。全书共分为五章，第一章是对数形结合思想的概述，讲述了数形结合思想的发展背景和数形结合相关的概念界定。第二章内容是高中数学中的数形结合基本理论，讲述了高中数学教学的特点、高中数学教学的原则、高中数形结合的层次分析，以及高中学生掌握数形结合的必要性、可行性和影响因素与高中学生对数形结合的掌握现状。第三章内容是数形结合的理论基础和国内外研究，讲述了数形结合的理论和数形结合的国内外研究进展。第四章内容是数形结合思想在高中数学教学中的实际应用，从以数助形和以形助数两个方面进行了讲述。第五章内容是培养高中学生数形结合思想的注意事项和主要途径，从培养高中学生数形结合思想的注意事项以及培养高中学生数形结合思想的主要途径两个方面进行了讲述。

　　本书建立在对数形结合思想充分了解以及大量的研究成果之上，立足于高中数学教学改革的实际需求，希望能够为高中数学教学质量的提升带来一定的参考价值。研究讨论高中数学教学中的数形结合教学有助于促进数学课堂教学方式的有效转变，落实新课程改革提出的核

目　　录

第一章　数形结合思想概述

第一节　数形结合思想的发展背景

一、我国现阶段高中数学教学存在的问题

(一) 传统教学方式和教学评价手段容易导致低效的教学效果

我们现如今的教学方式很大一部分沿用了前苏联的传统，崇尚教师课堂灌输，学生被动接受，教师在学生的面前树立起权威的形象，导致学生很少也不敢对教师提出质疑，并且大部分的教师完全跟着教材走，而学生跟着教师走。它重视传授数学知识，而忽略了教给学生知识发现的过程，这样对学生的创新性思维和能力的培养不足，不能有效发掘学生的潜力。这样的课堂教学模式长时间存在，使得课堂教学呈现低效的现象。

另外，传统的课堂评价指标虽然很详细，但是规定得过于死板。这样做，有利于依据指标做出评价，而过于关注课堂本身，忽略了学生的主体地位，忽略了学生的感受。虽然评价体系看起来很完善，容易评价课堂上教师的水平，但是不利于课堂教学的展开。人是一种感性的生物，一味地使用限定好了的标准去约束学生，很容易导致学生出现对学习失去兴趣，并且不能够积极主动地参与学习活动的情况。

（二）教师不能与时俱进更新教学理念

由于高考指挥棒的作用，而数学又是高考的重要组成部分，占据着很大比例的分值，因此在高中数学教学过程中，教师与学生参与的所有教学活动几乎都围绕高考展开，一线教师们的教学目标仅仅是提高学生考试成绩，课堂上大部分时间是讲解如何解题，分析整理各种题型，讲解解题思路，所以导致学生在高三复习的时候不能独立思考解决实际问题。目前的高中数学课堂，普遍存在教学低效的现象，不利于学生的全面发展，同时也不利于教师的发展。当前，全国的高中数学教学改革已经进行了很多年，但是很多教师的教学方法和手段还停留在传统模式，数学课堂提升有效、降低低效教学的探索仍是所有一线数学教师的首要任务。

（三）课堂上教师的教学方式单调，忽略非智力因素的影响

影响高中数学教学效率的因素有很多，目前被忽略的因素中，非智力因素对课堂教学效果的影响是最常见的一种。这些非智力因素主要有学生在课堂上要做好学习数学的准备，在心理上有学习数学的意愿，对目前所学的数学问题有强烈的兴趣，学生的情绪稳定，无外界干扰，以及学生的性格特点等因素。这些非智力因素在不同的年级有不同特点，

学生性别不同也有不一样的表现。在课堂教学中，要根据这些非智力因素的特点做出适当调整，课堂教学中采用什么样的教学方式使学生对数学有兴趣是首要关注的问题。学生只有对数学产生兴趣，才能有强烈的学习意愿，才能去主动学习，形成良性循环，否则学生出现被动的学习状态，必然导致教学效率低下的情况。所以，在高中数学课堂教学中关注学生的学习状态，注意学生的学习兴趣培养，必然要求教师根据学生的情况，调整课堂教学方式和方法，来适应学生的学习需求。

高中数学教师在课堂教学的过程中忽略非智力因素对课堂教学的作用，产生这一问题的原因是多方面的。有中国教育体制的原因，使得教师注重课堂上的教学效果"见效快"，课堂教学中给学生大量地灌输数学概念和公式的情况比较常见。也有教师在课堂教学中不重视非智力因素对数学学习的巨大作用，认为非智力因素对于提高学生的学习能力和考试成绩是一点帮助都没有，因此在备课的过程中不考虑或者很少考虑非智力因素，只是计划按照一般教学规律，按部就班在课堂上讲授数学知识，不考虑换一种教学方式。更有教师虽然注意到非智力因素对课堂教学效果有很大促进作用，只是缺乏有效的手段和正确的教育观念，不能在数学课堂上有效开展教学活动，没有办法激发学生对数学的兴趣。

在现实的高中数学教学过程中，有很多教学方式对学生非智力因素有负面效果，主要包含两种情况。其一，教师不能根据学生的特点合理设计教学过程，课堂上讲授的节奏慢，而学生其实早已掌握了该部分内容。由于设计的教学进程不科学，教师随心所欲地讲授课程，导致课堂气氛散漫，学生思想松懈，不能集中注意力听课，课堂教学效果差。其二，教师拖堂现象严重，上课之前没有准备好，不能合理掌控课堂节奏，到了下课时间教学任务还未完成而继续上课，急匆匆地讲完剩余内容。然而，在下课时间到了以后，学生的注意力已经开始快速地转移了，思维与教学内容完全地脱离开来，已经不能集中精力来听讲了，教师的这种行动甚至会引起部分学生的反感。在这种情况下，课下的时间同样是有限的，教师只能匆忙完成教学内容，导致教学质量大打折扣，而且教师与学生都已疲惫，教学效率低，几乎无教学效果。

总之，在高中数学课堂中应依据不同的学生特点，灵活采用多种教学手段，激发学习兴趣，营造学习氛围，使学生产生强烈的学习意愿，提高教学效率。从非智力因素的影响来看，导致数学课堂教学低效的因素主要有以下五点：

第一，教师未能引导正确的学习活动。大多数教师都将学生的学习视为主要的课堂任务，花较少的时间基于课程的学习活动，创设任务驱动的、有条理的、支持性的学习环境。

第二，不能有效地管理课堂。在教学实践中，大多数教师都有这种感受，那就是课堂上各种活动进行得并不流畅，而大多数的教师并不会花费较多的时间去处理学生出现的实际问题，反而经常花较多时间在课堂管理或处理突发问题。

第三，对学生的期望不高。很多的教师并不相信所有学生都能够掌握课程，也不把这种期待传递给学生，没能强调努力的重要性。

第四，缺少互动教学。教师以传统的讲解方式和训练方式进行教学，而不是以活动方式，不能激发学生的学习兴趣。

第五，教师仅能表述内容，不能以系统化的组织方式进行教学，如通过复习引入新课。

（四）高中数学课堂教学中存在的其他问题

从学生自身来看，大多数学生在上课之前没有做好身体上的和心理上的准备，身体上如出现问题，自然影响课堂听课效果。而学生在心理上的准备也很重要，如学生在进入了课堂教学活动时还在思考其他问题，或者心中一直牵挂某件事情，这就是心理上没有做好准备的表现。还有，课堂上，还会有很大一部分的学生未充分融入课堂，课堂注意力不集中，没有掌握预备知识，如空间想象力差等智力因素，也是课堂低效的原因。

课堂教学的外部环境也是不容忽视的因素，如噪声的影响等。

二、新课程改革的实施

（一）国内新课程改革的现状

从总体上来看，我国数学课程改革经历了八个时期：

第一个时期是从 1949 年到 1952 年，教学的模式继续沿用西方国家。

第二个时期是从 1952 年到 1957 年，此时期的教学模式是继续学习苏联的，而我国社会主义中学教育体制处于正在创建的时期。这时期的特点是，数学教学的内容少而精，体系相对严密，侧重点是逻辑演绎，但是却在一定程度上忽视了我国的教育实际情况。前苏联的教学方法过多地注重学习的形式，生搬硬套，导致了我国中学数学课程教学水平在原来的水平上有所降低。

第三个时期是从 1958 年到 1961 年，即群众性教育改革，高潮兴起阶段。此阶段教育部决定调整和增加中学数学内容，于是人民教育出版社出版了一套《十年制学校中学数学课本》，其中增加了许多大学一、二年级的近现代数学内容；削弱几何内容的同时，又删减了原有的内容，并且将此课本放在各地试行的十年制学校试用。结果表明，这次改革削弱了基础知识的系统性和科学性，增加了学生的负担，教师的水平跟不上，造成教育质量的下降。

第四个时期是从 1961 年到 1965 年，数学教育体系的确立是建立在吸取之前的经验教训和对教材、课程内容的调整与提高的基础上。此阶段贯彻执行"调整、巩固、充实、提高"方针，对前次的数学教育改革进行反思，立足于我国改革实践情况的同时，又全面而广泛深入地吸取了各国教育改革实践的优点，初步形成了自己的教育风格和特点。因此，这个时期的教育在高中数学教学指导思想、教学目的、教学原则以及关于教学方法方面的形成上具有很大的影响力，不仅影响 20 世纪 60 年代的前半期，而且一直影响到现在。

第五个时期是从 1966 年到 1976 年，我国数学教育教学工作处于大倒退的时期。此时期我国的教育、经济、文化都受到了严重的影响，尤其是教育的基础不但削弱了，而且教育水平也降低了，造成了教育质量的大大倒退，严重影响了数学教育教学改革的继续进行。

第六个时期是从 1977 年到 1986 年，这时我国的中学数学教育还处于不断调整、恢复和发展的时期，此次是第一次对课程的内容实施了"精简、增加、渗透"的原则，对中学数学内容进行了大范围的改革，传统的数学内容精简了，又增加了高等数学的内容，如微积分、概率统计、向量、矩阵和逻辑代数初步知识等，还将一些如集合、映射等的近代数学思想渗透到中学教学中。

第七个时期是从 1986 年到 1990 年，我国试行的九年制义务教育处于大发展的时期，中学数学教育也在不断地改革。

第八个时期是从 1990 年到 20 世纪末，全面贯彻素质教育，中学数学教育为了全面贯彻素质教育而进入了改革时期，此阶段的教学内容有相对较大的改动，吸收国内外教材改革的成果，继承传统教材的优点，删除了一些繁、难、深的数学内容。为了使数学课程具有改革意识，并且符合国情，在总学时减少的同时教学内容又增加了简易逻辑、平面向量、概率统计初步知识和微积分初步知识。这时，我国数学课程在 21 世纪的前夜面临着重大变革。于是，高中数学课程改革实验稿公布于 2003 年，2004 年一部分地区开始试验"实验教材"。2011 年我国再次修订了《普通高中数学课程标准》。

（二）新课程改革的要求

1. 新课改对教师的要求

课改前的教学也就是传统的课堂教学，其主要强调教师的传承作用，要求在教学中以教师、教材为中心，学生像一个"容器"，被动地接受知识，学习缺少了主动性，更不用说突出主体地位了。而新课改后，教师在这个过程中要面临一次大的"洗脑"，教师的角色要从信息与知识的传播者转变成学生学习的促进者、引导者和开发者，在教师的教学能力上强调要有新的教育理论，采用新的教学模式，要能熟练地运用现代化教学手段，不断地充实自己的专业知识并提高自己。教师的角色在新课改后如果没有准确的角色定位，教师们会将过去的"一切都管"变为"一切不管"；课堂教学教师不再讲授，而完全成为学生的自主活动，还被叫作"大胆地放开手"，这样的话，教师的主导作用逐渐被淡化，渐渐会找不到方向，还会丢失自我。因此，教师作为教育工作者，传道授业乃本职工作，应该正确地看待角色的转变，并且做好这一改变所要求的工作。

2. 新课改对学生的要求

《普通高中数学课程标准》中提倡自主学习探索、动手操作实践、合作交流讨论、阅读自学等数学学习方式，这些学习方式决定了学生对数学概念、结论、技能的学习不应只限于接受、记忆、模仿和练习等传统的形式。这些学习方式不但有助于学生主观意识上的学习发挥，而且使学生在教师引导下的创造性过程成为学习的过程。学生学习数学知识不只是单纯地只会做题，而应当是掌握其所蕴含的思想方法，能够将其与生活实际相联系，能够"数学"地解决实际问题。因此，高中数学课程的学习有助于为终身学习打下基础，也能够促成学生在价值观、世界观等重要观念上的形成，为学生的终身学习发展奠定稳固的基础。

三、高中数学教师的学科素养

根据《普通高中数学课程标准（实验)》对高中数学教师学科素养的要求，构成高中数学教师学科素养的要素可以分为三个方面：数学教师学科素养、科学文化素养、数学教学和教研素养。

（一）数学教师学科素养

数学教师学科素养是指数学教师在数学学科学习和实践活动中养成的具有该学科特征的数学知识、数学能力的综合。下面从这两个方面进行阐述。

1. 数学知识

通过对数学教师专业化能力进行分析，可以发现数学专业知识结构是数学教师知识结构的核心，占有基础性的地位。数学教师应具备以下数学专业理论知识：首先包括教师要掌握教材所设计的内容，即所有年级数学课程标准中，核心的数学概念和方法知识，尤其是对数学概念的理解；其次包括数学思想方法，是教师对数学定理的理解，尤其是高中数学课程中的数学概念、方法及它们之间的联系，即共同的、核心的数学概念和方法的知识。不仅如此，教师还要掌握现实生活中能够运用到的数学知识。另外，则是新大纲之中的素质教育要求。数学知识、优化意识、逻辑推理能力、数形结合意识在解决实际问题中起着不可替代的作用，这几种不同种类的知识也共同构成了数学教师的专业知识。此外，教师数学知识还包括与数学有关的基本定理和推理，学习数学、研究数学、应用数学的实践性知识。模型化的方法，建立数学模型是数学思想的一部分。

2. 数学能力

通过对新高中数学课程标准与原教学大纲的比较发现，《全日制普通高中数学教学大纲（实验修订版）》常使用"使学生学好"和两个"进一步培养"，而在《普通高中数学课程标准（实验）》的目标中大部分写到"提高""发展""理解""体会"等词语。这些词语的变化预示着课程功能观的改变，即数学课程不仅仅是传授知识与技能，更重要的是为了让学生掌握数学思想、方法，领会数学理性精神，认识数学的人文价值。数学教师的能力包括学习能力、思考数学问题的能力、逻辑推理能力、教学能力、创新能力、沟通能力、计算数学问题能力、反思能力、语言表达能力、理解数学语言能力、建立模型能力、独立分析问题能力。

（二）科学文化素养

教师担负着培养国家未来人才的重担。所以，作为一名教师，不仅要具备自身专业的素养，而且还要具备较高的文化素养，包括教育科学理论、实践性反思基本理论。

1. 教育科学理论

作为一名教师，应该熟悉和掌握普通教育学和心理学理论。因为教师要组织好一堂课，不仅需要充分的知识储备和教法，还要了解学生的心理。又因学生的个体差异，需要因材施教。不能对所有学生的要求都是一样的标准，这是作为一名教师的最基本的条件。

2. 实践性反思基本理论

数学作为一门学科，不仅有一般教育科学的共性，还有自身的独特个性和特殊规律。所以，教师在教学实践过程中应积累经验和教学反思，以便完善科学的教学方法，力争达到成熟的教学方法。

（三）数学教学和教研素养

教师在完成数学教育活动中不可缺少教研能力，如若缺少，则无法完成教学任务。它主要包括数学教学能力和数学教育研究能力。

1. 数学教学能力

根据《普通高中数学课程标准（实验)》的要求，教师应该具备教学设计能力、分析教材能力和数学组织监控能力，要调动学生的主动性、自主性和参与性，同时加强学生的创造性思维和研究能力，培养学生的数学思维能力。

2. 数学教育研究能力

在大多数的高中，高中数学教师们的科研能力是很薄弱的，很少有教师会有意识地对教学进行有针对性的研究，并且将自己的研究发表在学术期刊上，而对教育教学工作也几乎没有反思意识。大多数教师缺乏科研意识，撰写论文的能力很差，这与新课程理念中教师是"研究者"还有一定的距离。

四、数学思想方法的实施

（一）数学思想方法的教学是课程标准、教学大纲的基本要求

数学是人类文化的重要组成部分，随着现代信息技术的飞速发展，数学素养已成为现代社会每个公民必须具备的基本素养，而数学思想方法的教育是培养学生数学素养的重要途径。1992 年国家教委制定的《九年义务教育全日制数学教学大纲》中提到数学思想方法是数学知识的组成部分。大纲明确将由数学概念、法则、性质、公式、公理、定理内容所反映的数学思想和方法归属于学生的数学学习中。2002 年教育部制定的《全日制普通高中数学教学大纲》中也明确提出："数学的内容、思想、方法和语言已成为现代文化的重要组成部分，高中数学教学应使学生学好从事社会主义现代化建设和进一步学习所必需的代数、几何、概率统计、微积分的基础知识和基本技能，以及其中的数学思想方法。"[1] 2011 版义务教育数学课程标准在课程的基本理念部分提到数学课程内容要符合学生的认知规律，不仅要包括数学的结果，也要包括数学结果的形成过程和蕴含的思想方法，而在课程总目标部分，也由过去的"双

---

[1]　胡艳霞.高中数学教学中体现教学文化教育的研究与思考 [D] .武汉：华中师范大学，2008.

基"变为现在的"四基",即基础知识、基本技能、基本思想和基本活动经验。由此可见,越来越多的数学研究者、教育者已经认识到学生的数学素养并不仅仅体现在其数学知识的多寡上,还在于他们能否理解数学的基本思想、方法,并将其灵活运用在解决生活中的实际问题上。数学思想方法在数学教育中的重要性正逐渐成为共识。

(二)高中教材编排体系的要求

高中数学教材编写以基本概念为主干内容贯穿全书。高中数学教材体系包括两条主线:一是以数学知识的发生、发展、运用为主,是明线,任何数学教材都需要将所学知识作为串联整套教材的一条主线;二是数学知识中蕴含的数学思想方法,是暗线。数学知识是数学思想方法的载体,数学思想方法贯穿于数学的学习过程之中,是对数学本质理解的集中体现。数学基本思想应当成为学习掌握各部分数学内容的魂,成为形成概念、建立数学知识体系、思考和解决问题的主线。

(三)实施数学思想方法教学的教育价值

史宁中教授认为,知识在本质上是一种结果,可以是经验的结果,也可以是思维的结果[①]。中小学教材中的概念、法则、运算的叙述和以前完全一样,没有新的东西,而且是以结果的形式呈现,要学生去背、去记。这种背诵记忆时间短,且对学生没有产生根本性的影响。学生学习数学,如果只知道一些基本概念、法则,那么并不能影响学生的数学思维,而数学思想方法的感悟却能在很大程度上改变学生的思维方法,提升学生的数学素养。

① 王雷.谈课堂教学中数学思想的渗透 [J].启迪与智慧:教育,2014(1):51.

数学思想方法是数学教育的重中之重。数学的本质不在于它的对象，而在于它的方法。日本数学教育家米山国藏说过："学生在初中或高中学到的数学知识，在进入社会后几乎没什么机会应用，因而这种作为知识的数学，通常在出校门后不到一两年就忘掉了，然而不管他们从事什么业务工作，那种铭记头脑中的数学精神和数学思想方法，却长期地在他们的生活和工作中发挥着作用。"①

（四）当前中小学教学中数学思想方法的教学现状不理想

《义务教育阶段数学课程标准（2003年版）》中提出，形式化是数学的基本特征之一，在数学教学中，学习形式化的表达是一项基本要求。但是，数学教学不能过度地形式化，否则会将生动活泼的数学思维淹没在形式化的海洋里。因此，数学课程"要讲推理，更要讲道理"，通过典型例子的分析和学生的自主探索活动，使学生体会蕴含在其中的思想方法，把数学的学术形态转化为学生易于接受的教育形态。由此可见，数学思想方法比形式化的数学知识更具有普遍性。然而，现在我国高中教学中，尤其是从高二下学期开始，复习课基本上采取以题讲题的方式。有不少学校、补习班每天发给学生一份复习试卷，要求提前完成，教师上课就习题进行讲解点评，学生每天忙着写试卷，无暇思考，并不能理解其背后的思想方法，导致学习效率低下，学习负担沉重，严重影响学生学习数学的积极性。当然，目前不少教师已经认识到数学思想方法的教育价值，但由于对如何进行思想方法的教学认识不深，导致教学效果不理想，部分教师只是向学生灌输一些名词，或者进行几次专题讲

---

① 史嘉.数学课堂要重过程更要重思想——以解简单的分式不等式为例[J].中小学数学：高中版，2010（11）：14-16.

座，就认为已经进行了数学思想方法的教学，并不了解如何有效地在课堂中实施数学思想方法的教学。

五、数形结合思想的产生

（一）代数学的产生

在原始时代，人们已经发明了数字，并且通过不同的形式来记录数字。最开始的时候，为了记住事物的个数，人们会使用手指头去进行计算与区分，但是随着生产的进行，当人们意识到手指头不够用的时候，又开始用石子计数，而石子计数不利于长久的保存，于是又发明了结绳法和刻痕的方法。随着数字的应用越来越广泛，逐渐有了进位制。在各种进位制中，十进制是应用最多的一种。其中，除了玛雅数字采用二十进制和巴比伦楔形数字采用六十进制之外，其他的均属于十进制（当时亚里士多德指出，十进制之所以被广泛地采用，主要是因为人们有十个手指头这样一个事实）。计数系的出现，使数与数之间的书写与运算成为可能，在此基础上初等算术便在几个古老文明的地区发展起来。到此，代数学便慢慢开始发展。

（二）几何学的产生

类似于代数的产生，最初的几何方面的知识则是从人们对形的直觉中萌发出来的。前人首先是从自然界本身提取几何形式，并且在器皿制作、建筑设计及绘画装饰中加以再现。几何知识随着人们的实践活动而不断扩展，在不同的地区，几何学的来源方向也有所不同。根据古希腊数学者希罗多德的研究，古埃及几何学产生于尼罗河泛滥之后的土地的重新丈量，所以"几何学"被理解为"测地"。并且，史料记载，古埃及有专门的负责测量的人员，这些人被称为"司绳"。古代印度几何学的起源则与宗教实践密切相关。公元前 8 世纪至 5 世纪形成的所谓的"绳法经"，就是关于祭坛和寺庙建造中的几何问题及求解法则的记载。在古代的中国，几何学的起源更多的与天文观测有关。中国最早的数学经典《周髀算经》，事实上就是一部讨论西周初年天文测量中所用数学方法的著作。随着各国几何学的不断发展，几何学也作为一门独立的学科开始发展。

（三）数形结合的产生

代数和几何在原始社会都有了各自的雏形，并且随着社会的发展它们也在不断地发展。代数与几何被联系到一起主要归功于数轴的建立，数轴的建立使人们对数与形的统一有了跳跃式的认识。在一个不论方向的数轴上，任何的一个点都是对应着一个数的，反过来也是一样，任何的一个数都可以在数轴上找到对应的点。因此，我们可以确定一个点（几何）的位置是可以数量化的，而数的运算也可以几何化。在此基础上，笛卡儿又把数轴扩展成了平面直角坐标系、空间直角坐标系，这样一来，所有的几何图形问题都可以放在坐标系中来解决。高中阶段学习的数形结合的相关问题大部分都是用坐标系作为纽带的。坐标系的创立奠定了数形结合发展坚实的基础。并且，奠基人笛卡儿认为，当时的代数学完全是属于一些法则和公式的简单罗列，不能成为一门改进智力的科学，所以他就提出要把几何学和代数学的优点结合起来，建立一门真正的数学。他的核心的内容就是，用代数的方法去解决几何问题。对于一个几何题，可以用代数的方法进行计算、证明。就是他坚持的这种思想最终促使他创立了"解析几何学"。在解析几何中，把相互对立的数和形联系了起来，使代数方程和几何曲线相统一。通过建立坐标系，把曲线的代数方程给表示出来，从而用代数的方法来解决几何问题，这就是我们今天所知道的直线和圆锥曲线，它们是代数和几何相联系最明显的见证。

"数形结合"一词的正式出现，与我国数学家华罗庚先生息息相关。华罗庚先生在 1964 年撰写了一本《谈谈与蜂房结构有关的数学问题》这一科普小册子，在这本书中有这样的一首小词："数与形，本是相倚依，焉能分作两边飞。数无形时少直觉，形少数时难入微。数形结合百般好，隔离分家万事非。切莫忘，几何代数统一体，永久联系，切莫分离！"因为华罗庚先生在我们国家数学界的影响力之大，所以"数形结合"一词出现不久之后，立即获得了数学界的普遍认同。数形结合从此就开始作为一种重要的数学思想被人们广泛地接受。

第二节　相关概念界定

一、数学思想方法

数学思想方法是指数学思想与数学方法。数学思想是指从某些具体的数学认识过程中所提炼出来的正确观点，是有助于数学理论的建立与数学问题的解决的一种指导思想。史宁中教授认为："数学发展所依赖的思想在本质上有三个，即抽象、推理和模型。通过抽象的方式，我们可以从现实生活中得出一些运算法则和概念等，推理则是数学的发展，模型可以建立数学与外界的联系。"① 所以说，数学思想是对数学概念、方法等这些知识的本质认识，而在一个数学知识的理解上面，恰恰运用了数学思想，可见数学思想无处不在。数学方法是处理数学问题过程中所采用的各种手段、途径和方式。徐利治教授将数学方法论分为"宏观的数学方法论"和"微观的数学方法论"，我们一般研究"微观的数学方法论"②。数学思想和数学方法两者是有区别的。数学思想是提供数学活动的一般想法和观点，是思路上的体现方式，而数学方法是提供数学活动的手段和方式，具有实际的操作性。所以，总体上来说，数学思想更为抽象，而数学方法是具体的操作。

　　然而，两者又是有联系的。数学思想与数学方法是相互促进、共同发展的。随着数学思想进一步升华，人们就想运用更好的数学方法，使数学方法得到提炼。同时，我们在对数学思想和数学方法进行实际运用时往往不加以区分，或者说不易区分。例如，在函数问题中求参数的取值范围时往往会想到用分离参数的方法，将参数移到单独的一侧，而另一侧变为又一个函数，问题转化成求新函数的取值范围。在接下来的解题过程中可以利用新函数图像来得到参数的取值范围，即数形结合的思想。如果问这类题目是分离参数法起作用，还是数形结合思想起作用，答案应该是先使用分离参数的方法，再利用数形结合的思想得到的，所

① 张琪.数学教学要追求抽象的本质 [J] .新课程学习（基础教育），2012（11）：50-51.
② 王宪昌.数学方法论研究的新发展——评《数学思维与数学方法论》 [J] .数学教育学报，2002，11（2）：98.

以数学思想和数学方法都起到了作用。因此，一般情况下为方便起见，又将数学思想和数学方法统称为"数学思想方法"。

二、数形结合

（一）"数"与"形"的演进

1. 数学萌芽时期的数形结合

在人类还未得到启蒙的时期，就已经具有了识别事物多寡的能力，从这种原始的"数觉"到抽象的"数"的概念的形成，是一个缓慢的、渐进的过程。原始社会时期，人类从采集、狩猎等生产、生活实践中，逐渐悟出一头牛、一个梨、一棵草等事物之间存在着某种共性，从而抛开具体事物的物质属性，抽象出所有物群所共有的特性（即数）。从这个方面来说，数的概念是人类在长期的实践活动中从客观事物的众多属性中抽象而来的。正如德国数学家克隆尼克所说："整数是被亲爱的上帝造成的，其他的一切都是人的工作。"[①] 这个时候，数和形就已经被人们联系在了一起，不过此时的"数"仅限于自然数。"数"和"形"的结合特点是"数"可以从众多事物共性中被抽象出来，然后借助于具体的"形"去表达，这里的"形"可是参与计数的任何客观事物。因此，此时人类对于"数"与"形"的概念还处于蒙昧的初级认知阶段，对于将数和形联系在一起是无意识的，结合的根本原因是人们无法对两者进行区别。

随着社会生产力的发展，人类逐渐摆脱了茹毛饮血的物质匮乏时代，剩余产品的出现使得商品交换成为可能。因此，物品的数目需要被记录下来告诉别人，计数成为社会生产活动的必然。从文明的发展史来

[①] 黎兴平.高中生运用数形结合思想解决问题情况的调查与分析 [D] .长春：东北师范大学，2010.

看，此时人类的计数方式经历了手指、石头、结绳和刻痕等方式。不过，与前一阶段不同的是人类主动计数变成了一种有意识的行为。因此，从这个时候起，人们将数与形联系在一起是一种有意识的行为。随着商品的种类和数量的不断增加，人们渐渐发现诸如结绳、刻痕等计数方式太过复杂和不便，于是计数系统应运而生。在几个文明古国中，先后出现了不同的计数符号。例如，古印度人创造出了阿拉伯数字1，2，3，4，古罗马人发明了罗马数字Ⅰ，Ⅱ，Ⅲ，Ⅳ，Ⅴ，Ⅵ，中国古代使用甲、乙、丙、丁等进行计数。计数系统的出现使得数的书写和数与数之间的运算成为一种可能。于是，"数"与"形"首次发生了分离，这是人类文明发展的必然结果。

2. 古希腊时期的数形结合

古希腊的毕氏学派将"数"和"形"重新结合起来。他们在研究数的过程中通常会使用沙砾或平面上的点来代替，由此发明了"三角形数""正方形数""五边形数"等，通过对图形的观察来探索数与数之间的内在联系。例如，对于三角形数来说，三角形各个边上的点数 n 与三角形所含点数 S_n 之间的关系式为 $S_n = \dfrac{n(n+1)}{2}$；而对于正五边形数来说，则可以通过对图形进行分割的方式，化归成与三角形数相关的计算问题，得出正五边形数 $T_n = \dfrac{n(3n-1)}{2}$。这些数之中蕴含着的图形元素的发展，推动了人们对"数"与"形"之间关系的探讨。

毕氏学派还提出了"万物皆数"的观点。他们信奉："宇宙间的一切现象都能归结为整数或整数之比。"[①] 他们认为，数（特别是整数）是

[①] 王继延.无理数 2~(1/2) 的发现 [J].数学教学，2003（1）：41—42.

一切事物的本质特征。这是因为他们试图将几何学建立在算数的基础之上，认为长度是各种几何量中最为原始和基础的量。对几何学的定量研究起始于长度的测量，而任意两条线段经过有限次辗转相截（减）后剩余长度总能相等，即任意两条线段均可公度，从而认为任何线段的长度均可用整数或整数之比表示。总之，他们思考问题的方式为：实际问题—数学问题—几何问题—整数或整数之比的问题。

毕氏学派的"数"和"形"显然是结合在一起的，甚至是对等的，但由于认知的局限性，这里的数也仅限于自然数和有理数。当毕氏的门徒希帕苏斯发现了不可公度的无理数 $\sqrt{2}$ 时，毕氏学派所构建起的一切几何基础轰然倒塌，引爆了第一次数学危机。

欧几里得被称为古希腊几何学的集大成者，他运用公理化演绎的方式写出了流芳千古的著作《几何原本》。这本著作使用几何的观点去处理代数上的等价问题，用一种自然、明确的方式阐述出了几何与代数之间的关系。对于代数式的证明和方程式的求解也多从形的方面去考虑，同样也使用线段去表示出了其中的数，构造出相应的几何图形，让人们可以通过对几何图形的观察分析得出问题的答案。例如，完全平方式 $(a+b)^2=a^2+2ab+b^2$ 的证明（如图 1-1 所示）等问题。

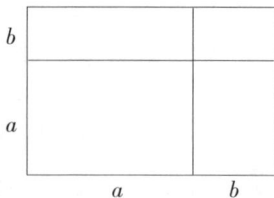

图 1-1　　$(a+b)^2=a^2+2ab+b^2$

综上所述，古希腊数学中的"数"和"形"虽然是结合在一起的，但更侧重于对"形"的研究，试图将一切的代数问题进行几何化证明和计算，这个过程也是不可逆的。

3. 解析几何的诞生——数形结合的典范

数轴的建立使得人们对形与数的统一认知向前迈进了一大步。实数和数轴上的点是一一对应着的，而数轴上每一个点的位置的变化都可以用数的变化去进行定量的表示，数的变化也可转化为数轴上点的变化进行几何说明。在此基础上，笛卡儿把一维的数轴扩展到二维的平面直角坐标系上，从而把平面上的点与有序实数对一一对应起来，进而再将平面上的点集和二元方程的解集一一对应起来。顺理成章地，每条曲线与每个方程也建立起了一一对应关系。这样，几何的问题就可利用点的坐标从而转化为代数方面的问题，通过代数的方式来求解，而代数问题也可通过坐标在平面直角坐标系中绘制出相应的点，进而画出相对应的几何图形，再通过几何的方法对问题进行求解，大大加强了形与数之间的联系。例如，对于两条不同的直线，要想要证明它们之间的平行关系，则有两种解决的方法：一是判断两条直线的斜率是否相等，如果相等，则可以证明两条直线平行；另一种方法则是证明两条直线的斜率都不存在，那么同样可以说明两条直线是平行的关系。在解析几何诞生了之后，各种代数名词也找到了它们的几何表示，如积分对应曲面梯形的面积、导数对应切线的斜率等。显然，在解析几何中，数形结合的过程是可逆的，"数"与"形"两者的地位也是平等的。解析几何的诞生为数学的探索提供了崭新的思路，也让人们对数形结合思想所反映出的数学本质有了更深刻的理解。

4. 近现代时期的数形结合

自从解析几何建立以来，"数"与"形"的界限渐渐变得模糊起来，特别是18世纪之后，各种分析学的蓬勃发展，大大加强了"数"与"形"之间的有效融合。在这个时期，数学家们只能牵强地认为"数"就是包括数论、代数方程以及分析学等侧重"数"的学科，而"形"就是包含微分几何、射影几何、欧几里得几何等侧重于"形"的学科。在这个时期的数形结合中，"数"提供了研究的工具、思路和方法，更新了人们看待问题的视角，而"形"则为人们的研究提供了一种对象以及进行辅助思考的工具。在许多包含数学在内的学科里面，"数"和"形"几乎是捆绑式发展的，人们甚至很难用确切的含义来说明哪些是"数"哪些是"形"。数学家们进而转向对"数"与"形"的结合点及结合方式进行研究，从而产生了一大批综合性交叉学科。有关数形结合思想方法的研究也如雨后春笋般不断涌现，特别是近年来随着素质教育和课改的不断深入，更是把对数形结合问题的研究推向一个又一个的高潮。

（二）数形结合的定义

中学数学研究的对象可分为两大部分，一部分是数，另一部分是形，而数与形是有十分密切的联系的，这个联系称为数形结合，或形数结合。"数"与"形"反映了事物两个方面的属性。我们认为，数形结合主要指的是数与形之间的一一对应关系，数形结合就是把抽象的数学语言、数量关系与直观的几何图形、位置关系结合起来，通过"以形助数"或"以数助形"，即通过抽象思维与形象思维的结合，使复杂问题简单化、抽象问题具体化，从而起到优化解题途径的目的。

三、数形结合思想方法

(一) 高中数学数形结合思想

罗增儒先生在自己的著作《数学解题引论》中曾经这样给"数形结合"定义："数形结合是一种极富有数学特点的信息转换，数学上经常用数的抽象性质说明形象的事实，同时又用图形的性质说明数本身。数形结合在所有阶段的数学教学中都是一种很重要的数学思想，同时又是一柄解决问题的利刃。"[①]恩格斯曾说："纯数学的对象是现实世界的空间形式和数量关系。"[②]

数形结合思想，其本质上就是将抽象的数学语言与直观的图像结合起来，实现代数问题与几何图像之间的有效转化。通过数形结合的思想，可以使代数问题几何化、几何问题代数化。也就是从数学符号所表示的几何意义出发，把数字和其图形相结合，通过数与形的互相转化来解决数学问题的一种重要的数学思想方法。也有人说过"数形结合"就是把数量关系和空间形式结合起来去解决实际问题的思想方法。通过数和形之间的对应和转化来对数学问题加以解决，它包含了以形助数和以数解形两个方面。在数形结合思想的应用下，可使复杂的问题简单化，抽象的问题具体化，它兼有数字的严谨性和图像的直观性，是优化解题过程的有效手段，在整个数学领域来讲，是一种基本的数学思想方法。

数学知识的主要表征形式为"数"和"形"，对于"数"我们指的是数学的文字表征，即数字、文字、式子、数学概念、数学结构、数学性

---

① 罗增儒.解题分析，应该有"第二过程"的暴露——写在《数学解题学引论》第 5 次印刷 [J].中学数学教学参考:上半月高中，2008 (9) 22-24.

② 祝建.浅谈数形结合思想在高中数学中的几点应用 [J].剑南文学，2009 (8)：21.

质、数学定理等概念或者命题，与此对应，"形"则指的是图形表征，即实物、图像、图形、符号等。因此，从数学知识的表征来看，数形结合既是数量关系和空间形式的形象的结合，也是"一种极富数学特点的信息转换"。数形结合思想方法是使抽象思维和形象思维相互作用，实现数量关系与图形性质的相互转化，将抽象的数量关系和直观的图形结合起来研究数学问题的一种有效的思想方法。数形结合方法是化归这一思想的具体表达形式，同时又是一种常用的数学解题方法，是培养高中生问题解决能力的强有力工具。为了更准确地理解数形结合这一思想，我们很有必要对它进行界定和研究。

（二）数形结合思想的内涵

张同君在《中学数学解题研究》中，从解题理论的角度把"数形结合"理解为：在问题解决中，将数量关系精确刻画和空间形式的形象直观密切结合，调用代数和几何的深层结构，达到解题的目的。罗增儒针对信息加工的目的性解释为："一种极富数学特点的信息转换，数学上总是用数的抽象性质来说明形象的事实，同时又用图形的性质来说明数的事实。"[①] 徐斌艳从思维理论的角度来定义："数形结合就是使抽象思维和形象思维相互作用，实现数量关系与图形性质的相互转化，将抽象的数量关系和直观的图形结合起来研究数学问题。"[②] 任樟辉从类比迁移的角度认为："数与形之间的结合包括了数或形结构本身的变式、变形间的迁移及相互间的整体或局部迁移。"[③] 徐文龙认为，"数形结合"和形数转化几乎是同样的含义，但结合从本质上来讲属于一种手段而不是

① 罗增儒.数学解题学引论 [M] .西安：陕西师范大学出版社，1997.
② 徐斌艳.数学课程与教学论 [M] .杭州：浙江教育出版社，2003.
③ 任樟辉.数学思维理论 [M] .南宁：广西教育出版社，2003.

目的，结合的最终目的是便于两类表征的认知心理加工，即提取、解释、变形、概括等[①]。由此来看，"数形结合"应与借数解形、以形助数两词的含义一样。数形结合思想是人们在研究并且解决某些问题的过程中，同时对其几何和代数意义进行分析，并且通过几何的方法去分析代数，或者转过来用代数方法分析几何图形，使"数"与"形"相互发挥出自身的优势，相辅相成，使逻辑思维和形象思维完美地统一起来。人们对数的理解离不开形，对形的理解也同样离不开数。例如，一段线段长是 5m、立方体体积为 30m³ 等都是以数来说明形的。对形的分析也是这样。比如，一条直线的倾斜角为多少度，点到直线的距离为多少等，就可以用式子算出来。通过数形结合的思想，我们能准确把握问题的特征，将几何代数综合起来考虑，使它们完美地结合起来。

（三）高中数学数形结合思想的涉及类型

1. 集合中的数形结合思想

数形结合在集合部分主要体现在使用维恩图和数轴表示集合，从而让学生摆脱各种复杂概念的干扰，用一种更加直观的方式去理解集合的各项概念，并且了解交集、补集和并集在运算上的直接呈现，从而降低教学的难度，促进学生直观想象能力的发展。

在高中数学教学过程中，用维恩图的方式去展示集合的概念和运算，更加直观和形象。维恩图一般画一条封闭的曲线，用它的内部来表示集合，并且维恩图与封闭曲线的性质没有关系，学生可以用矩形、正方形、圆、椭圆等各种惯用的图形画出"集合"。高中数学的教材在子集、补集、交集、并集部分大多会采用维恩图法来表示相关的概念，达

[①] 徐文龙. "数形结合" 的认知心理研究 [D]. 桂林：广西师范大学，2005.

到以形助数的效果，帮助学生更直观地理解集合的运算。

下面详细指出数形结合思想在集合教学中的一些简单应用案例。

例 1：不等式组 $\begin{cases} 2x-1>0 \\ 3x-6\leq 0 \end{cases}$ 的解集为 A，$U=\mathbf{R}$，结合题目当中给出的条件，尝试求出 A 和 A 的补集，并且用数轴的方式将结果表示出来。

该例题的目的是引导学生运用学到的知识去解决简单的问题，并且增强学生的数形结合意识。

通过对题目中给出的不等式进行分析，可以从"数"和"形"两个角度使学生感受并归纳出集合的交集、并集运算。可以先让学生用维恩图的方式表示出题目当中涉及的三个集合，让学生从数和形两个角度去给出交集的概念。

例 2：学校举办了一场排球比赛，某班 45 名同学中有 12 名同学参赛，后来又举办了田径赛，这个班有 20 名同学参加，已知两项都参赛的有 6 名同学，问两项比赛中，这个班共有多少名同学没有参加比赛？

这种问题实际上在初中阶段学生就已经接触过了。初中时期，学生一般会使用代数的方法去求出答案。解法如下：首先将该班学生分成四类，设两项比赛都没有参加的为 x 人，两项比赛都参加的为 6 人，只参加排球赛的为 12-6=6 人，只参加田径赛的为 20-6=14 人，故由 6+6+14+x=45，解得 x=19，即两项比赛都没有参加的为 19 人。

这种方法虽然看起来思路比较清晰，但是对学生的逻辑思维要求却比较高，需要学生能够清楚地将班上的学生分成四个类型，从而按照逻辑去解决问题，对于学生来讲有一定的难度。而在高中阶段，教师可以引导学生通过维恩图的方式去解决这类问题。

解法如下：设 $A=\{x|x$ 为参加排球赛的同学$\}$，$B=\{x|x$ 为参加田径赛的同学$\}$，则排球赛和田径赛都参加的同学可以利用图 1-2 中的两个圆形图示表示出来，其余的部分则可以表示为两个比赛都没有参加的学生，即为 45-（6+6+14）=19（人）。

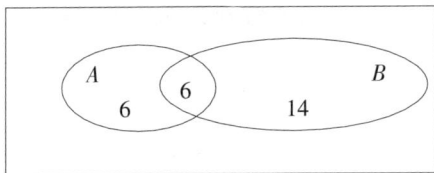

图 1-2　维恩图

2. 函数中的数形结合思想

在新课程改革的驱动下，各类高中数学教材也更加重视数学思想方法的渗透，对于数形结合思想的应用也更加广泛。以苏教版高中数学教材为例，在函数部分多次涉及了数形结合思想。

苏教版《高中数学必修 1》教材 27 页明确地指出，将函数的自变量的一个值 x_0 作为横坐标，相应的函数值 $f(x_0)$ 作为纵坐标，就可以得到坐标平面上的一个点 $[x_0, f(x_0)]$。而当自变量取遍函数定义域 A 中的每一个值时，就得到这样的一系列的点。从代数的角度上看，所有这些点组成的集合为 $\{(x,y)|y=f(x), x \in A\}$，而从图形的角度上理解，这些点组成的图形就是函数 $y=f(x)$ 的图形。函数 $y=f(x)$ 的图像在 x 轴上的射影构成的集合对应着函数的定义域，在 y 轴上的射影构成的集合对应着函数的值域。所以，学生可以通过函数的图像，从"形"的角度进一步加深对函数概念的理解。为了巩固上述解释，在苏教版的教材中还配置了三道相对应的例题，让学生在例题的帮助下进一步体会"以形助数"，帮助学

生领会数形结合的第一个层次。

具体如下：试画出函数 $f(x)=x^2+1$ 的图像，并根据图像回答下列问题。

问题1：比较 $f(-2)$、$f(1)$、$f(3)$ 的大小。

问题2：若 $0<x_1<x_2$，试着比较函数 $f(x_1)$ 与 $f(x_2)$ 的大小。

分析：对于问题2，由于本节课的内容在高一展开，学生刚开始学习与函数有关的概念，对符号化、形式化的表述还不擅长，故此时直接通过代数作差求解对部分学生有一定的难度。因此，在本道例题中，教师可以引导学生利用"以数助形"的优势去解决问题。教学时，教师可先与学生一起，单纯地通过代数方法求解。

解法如下：

$f(x_2)-f(x_1)=(x_2^2+1)-(x_1^2+1)=x_2^2-x_1^2=(x_2+x_1)(x_2-x_1)$，

$\because 0<x_1<x_2, \therefore x_2+x_1>0, x_2-x_1>0$，

$\therefore f(x_2)-f(x_1)>0$，即 $f(x_2)>f(x_1)$。

之后，教师再根据学生的实际解题情况，引导学生通过绘制函数图像的方法去观察问题的答案。

其次，苏教版的教材在函数的表示方法部分再次应用到了数形结合的思想。教材一共给出了三种函数的表示方法，其中用解析法（数的方面）表示函数，函数关系在形式上清晰地被表达了出来，学生容易从自变量求出其对应的函数值，图像法（形的方面）则能直观地反映出函数值随自变量的变化趋势，更容易研究函数的一些性质。

在苏教版的高中数学函数的单调性内容中首先给出24h内气温随时间的变化的图像，通过图像，学生可以直观地说出气温在哪段时间内是

升高的，在哪段时间内是降低的，并从代数方面理解图像的变化，图像的升高就是 y 随着 x 的增加而增加，图像的下降就是 y 随着 x 的增加而减少，并由此建立函数单调性的概念。此后的教材中还使用了两个小例子去进一步地阐述了这种观点，通过"以形助数"的方式，直观简洁地呈现出了数与形之间的关系。

同函数的单调性一样，由于高一学生还不擅长符号化、形式化的概念，对于函数的奇偶性，教材也是先给出两个简单的函数图像，分别是 $f(x)=x^2$ 和 $f(x)=\dfrac{1}{x}$。

下面将以 $f(x)=x^2$（如图 1-3 所示）为例，去阐述函数的单调性中的数形结合思想。

首先引导学生观察函数图像的对称性，然后让学生用数学符号的方式去刻画函数图像的对称性，用代数表示阐述几何性质，再用几何图像直观地理解，从两个角度去双向理解函数的奇偶性概念。

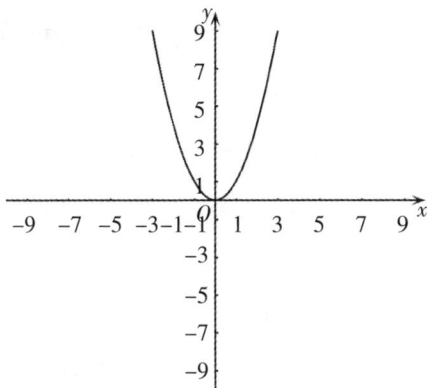

图 1-3　$y=x^2$

在指数函数、对数函数、幂函数部分，教材中均借助它们的图像来研究它们的性质，如定义域、值域、顶点、单调性、渐近线等。

3. 三角函数中的数形结合思想

三角函数是几何学的基础，与圆和相似形的知识点密切联系，但主要的研究方法又是代数的，因此三角函数的知识点在数形结合思想上得到了集中的体现，在几何与代数之间建立了初步的联系。

在现行版本的高中数学教材中三角函数章节充分地渗透了数形结合思想。

一方面，以形助数，突出了几何直观对理解抽象的数学概念、公式的作用。在三角函数及其性质的学习中，充分发挥单位圆、三角函数线的直观作用，借助单位圆，帮助学生认识任意角及其三角函数，理解同角三角函数的关系、三角函数的诱导公式、周期性、图像，并通过角终边间的对称关系研究诱导公式等。另一方面，以数助形，借助三角函数的奇偶性、周期性等简化三角函数图像的作图。具体分析如下：

不论是何种角，都是由旋转产生的。因此，在思考与角相关的知识时，我们比较容易想到用圆周上运动的点来表示角。为使表述简单，一般选择用单位圆来研究角的大小、对应的弧长，由此就有了任意角和弧度制的概念。并且，在教材上，编者一般会借助单位圆、有向线段（三角函数线）来研究正弦、余弦、正切的三角函数值的几何意义，帮助学生更加直观地认识三角函数。

例 3：比较大小：sin1 和 sin2。

教师在引导学生做这类题目的过程中，就可以先让学生在坐标轴上画出一个单位圆，并且在其中标出（1，sin1）和（2，sin2）两个点，观察这两个点的位置，从而得出结论。

此外，在苏教版的必修四教材中还设置相关的思考环节，让学生自主研究，从而深化学生对数形结合思想的认识。

思考：根据单位圆中的三角函数线，探究正弦函数、余弦函数、正切函数的值域，正弦函数、余弦函数、正切函数在值域 $[0，2\pi]$ 上的单调性，正切函数在值域 $\left[-\dfrac{\pi}{2}，\dfrac{\pi}{2}\right]$ 上的单调性。

在解决这个问题时，教师可以先让学生画出相关的图像（如图1-4所示），对三角函数作出几何方面的表示，让学生产生直观的印象，以形助数，这也是研究三角函数的重要工具。

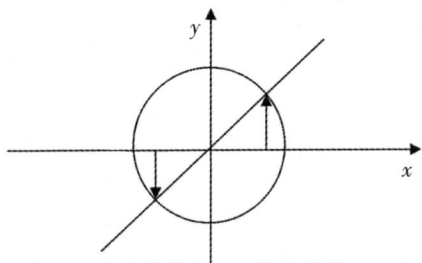

图1-4　三角函数图像

利用单位圆给出同角三角函数的关系式。

借助单位圆以及角的终边相同的性质，得出终边关于坐标轴、原点对称的三角函数的五组诱导公式。

观察三角函数的图像，有利于学生掌握三角函数的性质。在苏教版教材中关于三角函数的图像与性质内容中，教材先借助单位圆给出了正弦函数、余弦函数、正切函数的图像，并引导学生通过观察三个图像，归纳出各自的性质。

通过单位圆，首先画出正弦函数在 $[0，2\pi]$ 上的图像，再由诱导公

式 $\sin(\alpha+2k\pi)=\sin\alpha$ 可知，将 $y=\sin x$，$x\in[0,2\pi]$ 的图像向左或右平移 2π 个单位，即可得到正弦函数的图像。

借助得出的正弦函数图像，学生可以直观地判断出正弦函数的定义域、值域、周期性、奇偶性、单调性等，从而研究出余弦函数和正切函数的图像与性质。

在讲述两角和与差的正切内容中，苏教版的教材中一个例子通过以形助数的方式，在代数证明的帮助下，解决了几何证明的问题，在其中渗透了数形结合的思想。

例4：如图 1-5 所示，三个相同的正方形相接，求解 $\alpha+\beta=\dfrac{\pi}{4}$。

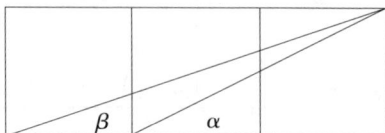

图 1-5　例题

证：通过对图像进行观察，可以看到 $\tan\alpha=\dfrac{1}{2}$，$\tan\beta=\dfrac{1}{3}$，并且 α 与 β 的定义域都为 $\left(0,\dfrac{\pi}{2}\right)$，因此可以得出 $\tan(\alpha+\beta)=1$，而由于 α 与 β 的定义域，可以知道 $\alpha+\beta$ 的定义域，所以可以推导出 $\alpha+\beta=\dfrac{\pi}{4}$。

4. 解析几何中的数形结合思想

解析几何是 17 世纪数学发展的重大成果之一。纵观整个数学发展的历史，解析几何的创立可以称为一个伟大创举，其本质是用代数方法研究几何图形的性质，故解析几何章节蕴含了大量的数形结合思想方法。

解析几何与数形结合思想之间的联系主要体现在解决问题的过程中引进直角坐标系,建立点与坐标、曲线与方程之间的对应关系,将几何问题转化为代数问题,从而用代数方法研究几何问题,充分体现了数形结合的数学思想。

在新课程改革的背景下,由于教学观念重视数学思想方法的渗透,因此在教材上关于解析几何的解释中,也大量地应用了数形结合的思想。比如,在教材当中,运用二元一次方程来表示直线,运用实数对来表示点,将二元一次方程或实数对在直角坐标系中用直线或点来表示等。这些都体现了数形结合的思想。可以说,数形结合思想是平面解析几何初步这一章中最基本也是最为重要的一种数学思想方法。

直线是由直线上的点和倾斜程度来确定的,故大多数的教学中都会直接从"直线的倾斜程度如何刻画"来揭开解析几何研究的序幕,并利用斜率从"数"的角度来刻画直线的倾斜程度,又通过倾斜角从"形"的角度再次刻画直线的倾斜程度,再研究斜率与倾斜角的关系,实现"数"和"形"的相互转化。

在直线方程的教学中,苏教版的高中数学教材在求过点 $P(x_1, y_1)$ 且斜率为 k 的直线的过程中,说明了直线上的点的坐标都是满足方程的,反过来也可以说明,以方程得到的解为坐标的点都会在直线上,而满足了这两点,就可以说方程是直线的方程,直线是方程的直线。

数形结合思想是解析几何中的重要思想,不仅仅是因为解析几何本身就是数形结合思想在数学文化史上的重要产物,还因为在研究解析几何的过程中,人们发现了"数"与"形"之间更加深刻的关系。比如说,直线与圆是学生非常熟悉的两种基本图形,从形的角度上对坐标轴进行分析，可以看到直线与圆的关系不外乎三种：相交、相切和相离。但是，相交与相切时的坐标分别是什么呢？这些只通过"形"去分析是做不到的，必须要结合对"数"的研究才可以。

小结：本章从理论的角度对数形结合进行了一番概述。在新课程改革的背景下，高中数学教学越来越重视数形结合思想的渗透，不仅仅是为了降低教学的难度，更重要的是使学生形成正确的数学学习方法，让学生能够从"数"与"形"两个角度体会数学的本质。本章从文化的角度，对数形结合思想的发展背景以及相关概念界定展开了一番叙述，指出了数形结合的文化性与功能性。

第二章 高中数学中的数形结合基本理论

第一节 高中数学教学的特点

一、严密逻辑性

数学本身就与逻辑有着十分密切的联系，数学的第一个特点就是逻辑性。数学家们对数学的逻辑性也十分关注。在欧几里得的《几何原本》中，就对亚里士多德的形式逻辑在数学领域当中的直接应用作了详细的阐述。莱布尼兹更是一个有名的逻辑数学家，在对形式逻辑学进行研究的过程中遇到困难，后来发现了数学符号的便利性，从而开始使用数学符号的方式去研究逻辑，开创了数理逻辑。之后，经数学家、逻辑学家罗素等人的积极努力，形成了完备的数理逻辑体系。同时，数学在发展过程中不断应用逻辑，并且深化自身。

中学教育阶段的数学教学内容中，含有丰富的数理逻辑知识，能够帮助学生在学习数学知识的过程中得到思维方法的训练，从而使学生获得正确的思维习惯，形成正确地处理和解决问题的能力。数学教育的这种特点使得其在国民教育中具有不可替代的作用。现代公民需要具备猜想能力、逻辑推理能力和精确计算能力，这些能力的培养和提高都需要通过严密的数学教育来完成。培养学生良好的逻辑思维能力不是让教师直接灌输给学生一些逻辑方面的法则，从而让学生形成死板的印象，而是让学生理解科学的思维方法，掌握必要的解决问题技巧，从而体会到数学的本质与内涵。高中数学学科的逻辑性主要体现在以下方面：

（一）逻辑促进了数学的发展

1. 数学的演绎证明和回顾性总结的主要工具

"逻辑学之父"亚里士多德在对前人所发现的逻辑知识进行了整理和总结之后，创立了逻辑公理化的方法，这也是人类数学史上第一个公理化方法，同时也为数学科学条理化和系统化发展创造了必要的条件，对整个数学史的发展影响巨大。希尔伯特在总结了前人的研究结果的基础上，出版了《几何基础》一书，在其中进一步地强化了逻辑推理的观点，首次提出了一个逻辑严整的形式系统，与欧几里得在《几何原本》中对公理的证明形成了鲜明的对比。从此之后，逻辑演绎法成为数学当中的一种重要研究方法。

之后，数学的内涵得到不断发展和丰富，内容也更加复杂。也因此，数学家们面临一个困难的挑战——从宏观上对数学进行统一的整理，并且揭示出整个数学体系的内在规律性。在这个问题上，布尔巴基的成果比较突出，他们从数学的全局去分析问题，采取了现代化形式公理化的方法，对整个数学知识体系进行了分析和研究，出版了《数学原本》系列著作。几何学历史的发展给我们提供了这样一个事实，即数学采用逻辑推理的方法去进行发展，可以使整个数学体系内部条理化、系统化，但是这种方法只适用于对数学知识体系进行回顾性的总结，有着较大的局限性，很难用在创造性的数学活动上。

2. 统一数学客观性和主观性的主要方法

数学的逻辑性可以调动学生的主观能动性和创造性，实现学生的思维从实践到数学抽象的转变。在现代高中数学教学过程中，我们使用的教学内容都必须依赖思维的逻辑性去进行论证。数学发展到了今天，很多的知识都已经作了抽象化的处理，当初的直观意义已经很难被学生所熟知，这表明人的思维进行了间接抽象的发展。数学的这种特点表明了大多数的数学知识是难以通过经验来构建的，必须要学生具有良好的逻辑思维能力才可以。结合数学的逻辑性，可以统一数学的客观性与主观性。数学知识起源于生活，往往是以现实生活为背景发展起来的，之后再借助于逻辑的力量，建立起相对完善的理论体系，这也表明数学是具有一定的客观性的。比如，自然数、向量和几何图形等，都是人类对具体的现象进行抽象的结果，这些内容在人类的大脑中被进行了一定的加工处理，通过思维的产生与运转，在逻辑性的引导下构建出了数学理论体系。

（二）逻辑思维的积极意义

1. 逻辑思维的哲学思考

逻辑思维是指按照科学的逻辑规则展开观察、实验、类比、归纳、演绎等活动的思维形式。逻辑思维具体可分为归纳思维、类比思维和演绎思维三种类型。其中，归纳思维和类比思维两种思维被称为合情推理。逻辑思维能力是人在成长过程中所发展起来的一种思维能力，是指人能够努力让自己在符合逻辑原则的前提下进行观察、实验、类比、归纳等活动，包含归纳能力、类比能力和演绎能力。概念、判断、推理和论证是逻辑思维的基本形式，而分析与综合、比较与分类、归纳与演绎则是逻辑思维的主要方法。

逻辑思维是人类揭示事物客观本质和发展规律并且对此进行探究发现的主要思维活动形式，几乎渗透到了人类获取理论的每一个过程当中。古希腊的阿基米德发现了浮力原理，并且在已有原理的帮助下解决了王冠是否掺杂了杂质的问题，这就是逻辑思维在现实生活中进行创造性活动的直观体现。牛顿在发现万有引力定律的过程中也应用到了逻辑思维能力。哈密顿在逻辑思维的引导下创立了四元数。哈密顿表示，这令人惊叹的结果是自己都没有预料到的。种种现象表明，逻辑思维能力是一个科学工作者或者现代公民应具备的必要能力。其重要性可以具体表现在以下方面：

首先，逻辑思维能力是科学研究的必要条件。在信息化不断发展的当下，科学研究人员所能够搜集到的文献资料数量正在飞速增长着，资料获取的便利性也给科研人员带来了难题：如何才能够从中找出对自己最有帮助的资料呢？在获取了资料之后，又应该如何处理才能够使得时间得到最大化利用呢？面对这些问题，人们在科学研究和实际工作中已经深刻地认识到，只有具有严密的逻辑思维才能够解决这些问题，从而获得良好的检索、分析和整理资料的能力。

其次，逻辑思维能力可以引导人们尊重客观事实，帮助人们认识客观事实，通过合理的渠道去获得所寻求的真理。人们对客观世界的认识往往由感性思维而起，在上升到理性的过程中，需要对事物进行分析、综合、概括和抽象，从而摆脱对事物表象的固有观念，抓住事物的本质，更好地认识事物。而要成功地做到这一点，就需要运用到逻辑思维能力。

最后，培养学生的逻辑思维能力是数学学科的任务。一方面，这是数学学科的特点所决定的，因为数学从诞生开始就一直受到人们的重视。在数学的整个系统中，正确的结论必须经过严密的论证才能够得出来，未经过严密论证的东西不能被认可和接受，这表明数学是体现逻辑性最为彻底的学科。现阶段的高中教育没有设立逻辑学科，数学就很自然地承担了这方面的责任。另一方面，数学教师在通过教给学生数学知识的过程中，培养学生的逻辑思维，能够使学生有条理地、无矛盾地分析问题和解决问题。知识可能被遗忘，但只要学会思考问题，有些知识即使遗忘，通过思维的简单锻炼就能恢复记忆。从某种意义上说，会想比会记的能力更加重要和难以形成，学生的逻辑能力的强弱关系到社会的未来发展。

2. 数学思维的重要组成部分

所谓数学思维，就是以数和形作为思维对象，通过科学的数学判断过程和数学推理经历，运用数学符号和数学语言，采用形式化的推理手段，揭示数学对象之间的内在联系和本质规律的思维活动。数学思维有其自身的独特性，主要是因为数学思维活动的运演方面，具有数学的特点和操作方式，采取独特的方式遵循数学独特的规律。

在高中数学教学中，培养学生的逻辑思维能力主要是指通过高中数学教学，培养学生使用明确的概念，对数学问题做出判断和推理。高中数学教学培养学生逻辑思维能力的要求主要指，培养学生正确运用思维形式的能力，培养学生正确运用逻辑方法的能力，培养学生认识和理解形式逻辑与辩证逻辑基本规律的能力。

在一般的情况下，我们认为数学能力有两种表现的形式，一种是具备学习和研究尖端数学领域并且能够创造出较高的社会价值的能力；另一种就是指对学习数学的接受能力。在高中数学教学过程中，教师主要培养的是第二种能力。

高中数学教师要培养学生的数学能力主要指运算能力、空间想象能力以及逻辑思维的能力，这三种能力之间有着辩证统一的关系。运算能力是逻辑思维与一些具体的运算知识和技能的相结合，在数量关系上有具体的体现；空间想象能力则是逻辑思维与一些经验，如几何知识、作图等的相结合，在处理空间形式方面有具体的体现。因此，在高中数学教学中培养学生的数学能力核心就在于培养学生的逻辑思维能力。

学生通过数学学习在逻辑思维能力方面的培养目标主要是能够正确地分析问题和解决问题。在高中阶段学习到的数学概念、定义、定理、公式，学生不仅要能够学会其应用，更重要的是通过知识的学习获得解决数学中和现实生活中问题的方法。其目的在于，通过数学知识的学习，培养学生的思维和方法，让学生在处理数学问题的过程中获得综合能力和基本素质的提升，掌握正确的世界观和方法论。

通过对上面的理论进行分析，可以看出，高中数学教学中最重要的就是培养学生的逻辑思维能力。在具体的实施中，教师可以从以下三个方面逐步展开教学活动：第一步，教会学生怎样去观察事物、进行比较以及对问题在哪里进行认真的分析，对获得的材料进行全面的抽象与概括；第二步，引导学生对获得的结论进行归纳、类比，从而获得新的结论，并且通过推理演绎的方法进行全面的论证；第三步，引导学生通过正确的数学语言和数学符号将自己的思想方法简单地论证出来。

二、高度抽象性

数学是研究现实数量关系和空间形式的科学，是具有严密的研究模式与秩序的一门学科。一般的数学研究虽然不会涉及对事物本质的研究，但是任何的事物都会涉及数量和形式两个方面。两种不同的事物，如果具备了相同的数量和形式，那么在逻辑上就可以通过同一种数学方法去进行研究。因此，数学必然也必须是抽象的。但是，数学的抽象性并不是数学所独有的一种属性，而是人类认识世界的一种十分关键的方法。抽象性可以让人类通过更加系统的方式去整理事物的特征，是任何一种科学乃至全人类思维上所具备的一种特性。比如，物理学当中的刚体、化学知识当中的化学键、天文学当中的天体模型等，这些都是在抽象思维引导下所得到的知识。与此相对应，看似与数学距离较远的语言学也具备较强的抽象性，如"白马非马"一句中，人没有看见过抽象的"马"，看见的只是具体的"白马"。这些学科感兴趣的首先是自己的抽象公式同某个完全确定的现象领域的对应问题，而数学则完全舍弃了具体现象，转而去研究一般性质，在抽象的共性中考查这些抽象系统本身，而不管它们对个别具体现象的应用界限。因此，可以说数学比其他学科的抽象程度更高，而且数学的抽象性有它不同于其他学科抽象性的特征，具体体现在数学研究对象的抽象性以及数学研究方法的抽象性两个方面。

（一）数学研究对象的高度抽象性

数学与其他科学学科的一个最大的区别就在于数学的研究对象是抽象的。一般的自然科学概念在现实世界都具有直接的原型，比如物理学当中的量子概念，就是一个非常抽象的概念，但是其在现实世界中代表的却是物质实体的微观运动特征，是一种物理量，而物理量则是客观存在着的，研究的是现实世界当中正在发生着的事情。又比如，在化学的知识体系中，化学键是一个十分重要却又抽象的概念，而化学键虽然看不见摸不着，但是却具有原型，指的是实际的分子的生成，是客观存在着的。然而，数学概念却与物理概念、化学概念等科学概念截然不同，在现实世界当中根本找不到相关的原型。但是，数学所研究的结论却在现实生活中以及科学领域有着广泛的用途，究其原因，就在于数学研究对象的高度抽象性。人们通过抽象获得对现实世界的本质认识，正如列宁所说过的一样："一切科学的抽象，都更加深刻、更加正确、更加完全地反映着自然。"[①] 数学的研究对象包含数学概念、数学定理、数学定义、数学法则等，都是抽象的思想材料，这些材料是通过形式化的方式呈现出来的。数学科学体系的建立目的就在于，通过一种纯粹的状态去研究客观世界的空间形式和数量关系，让人们能够摆脱现实世界中的种种条件，将无关紧要的东西放在一起，将科学规律以抽象化的方式呈现出来。

---

① 廖丹清.《资本论》讲义 [M] .太原：山西经济出版社，2003.

　　数学科学体系的形式是社会发展的必然趋势。当人们从现实世界当中获得了数和形两种观念之后，为了进一步提升思维的统一性，就必须将现实的形态暂时性地放在一边，只对其中涉及的抽象理论进行研究。数学研究对象的抽象性是根植于客观实际当中的，内容非常丰富而具体。因此，当数学知识形成之后，可以再将其应用到现实生活中去，从而使数学具备越来越丰富的应用内涵。同时，数学又是可以完全脱离具体内容的，成为人们理性思维之后的抽象结果。比如，在几何当中的一个基本概念——直线，当人们探讨直线时，经常会想起绳子等概念，而直线并不是指现实生活中拉紧了的线，而是将现实中的线所具备的质量、弹性等无关的因素都丢开，只留下了"向两个相反反向无限延伸"这一个属性，但是现实世界当中是没有"无限延伸"的线的。同样，三角形也是类似的一个数学概念，现实世界当中经常可见三角图形，但是三角形与三角形实物之间的关系却是十分抽象的。

　　数学科学体系的建立将不同的科学研究对象用公理化的方式统一到了一起，解释了不同研究对象之间所具备的某种相同的结构。比如，在建立函数概念之后，几乎所有的代数内容都可以在函数概念的基础上进行统一辩论，从而使不同的数学分支整合成一个整体，体现更好的数学观念，有助于降低学生探究科学知识的难度。

　　同时，数学研究对象的抽象性还在一定程度上表现出了逐层递进的特征。数学对象的抽象性是在经过一系列的阶段性研究之后形成的，从而使得数学研究对象的抽象性逐渐递增，它所达到的抽象程度大大地超过了一半的自然科学抽象性。数学研究对象抽象性的提高每一次都是在前一次抽象材料的基础上进行的，这也体现出了数学研究的不断发展过程。从数的概念一直到像函数、复数、微分、积分、泛函数、n 维甚至无限维空间等抽象的概念，都显示出了数学研究对象抽象性从简单到复杂的发展过程。

(二) 数学研究方法的高度抽象性

不仅数学的研究对象是抽象的，而且数学研究方法本身也是抽象的。这不仅表现在数学中使用了大量的具有抽象性的符号以及语言，而且还表现在人们在思考数学问题时所使用的思维方法上。在其他的学科研究中，如物理或化学，为了证明自己的理论，总是需要通过实验的方法去进行辩证，但是数学研究方法却不是这样。要想得出相关的数学结论，人们必须通过思维的方式去进行辩论，但却没有现实的支撑。而且，在表述数学的研究成果时，即表述数学理论时，所使用的也只是演绎上的方法，这些都是由数学对象的特殊性所决定的，也是由数学概念和数学理论的抽象性决定的。数学家们要想证明一个定理，没有办法使用实验操作的手段，而是必须利用已经学到的数学思想方法以及其他的数学概念、定理等，从而推导出新的结论。在这个过程中，数学家需要以细致的观察为基础，以分析、综合、归纳、概括、类比等为手段，充分运用逻辑推理的方法去进行思考。比如，虽然我们千百次地精确测量了等腰三角形的两底角都是相等的，但还是不能说已经证明了等腰三角形的底角相等，而必须用逻辑推理的方法给予严格的证明。数学的这种逻辑建构形成系统，使之成为有别于其他学科方法的公理体系。

(三) 数学的高度抽象性给高中数学教学带来的影响

1. 它成为高中生学习数学的障碍

数学的高度抽象性使得数学公式、定理、法则和数学习题呈现出概括性强、表述简洁、应用范围广等特征，也正是因为这些方面的特征，使大部分的高中学生在学习中遇到了较大的困难。高中学生的思维能力虽然已经得到了一定程度的培养，但是大部分的学生还是会感到数学公式枯燥难记忆、数学符号抽象难想象、数学习题晦涩难理解等。因为数学既不像物理、化学、生物这些学科与客观世界当中的现象有着紧密的联系，又没有语文、历史、地理等人文学科所记述的动人故事，再加上应试教育观念的干扰，数学在高考中占据着大量的分值，所以许多学生才机械地、被动地、毫无兴趣地接受数学知识。以函数的概念为例，初中的"变量说"是以生活中的一些事例为依托，通过文字的叙述来给出的。由于抽象程度相对较低，对于刚由常量向变量学习转化的初中学生而言学习难度还是比较低的，学生接受起来也比较容易。但这种非形式化定义，对于函数意义的进一步深化及函数性质的描述具有很大的局限性。因此，在高中数学教学过程中，大多数的教材都采用了抽象程度更高的"函数映射说"观点，通过引进函数符号 $f(x)$，使函数的众多性质可以通过形式化的手段加以定义和证明。诚然，随着年龄的增长，高中学生已经具备一定的抽象思维的能力，但面对"非形式化"向"形式化"的认知过渡，对于学生来讲还是存在着较大的难度的。如果在实际的教学中，教师不能够处理好相互作用之间的有机结合，那么学生对函数思想的理解效率就会不太理想，自觉地运用函数的观点去解决现实生活以及其他方面的问题就更加困难。

从心理学方面的观点来看，因为数学的研究对象具有高度的抽象性，所以如果学生缺乏有效的数学表征能力，对抽象的数学材料的理解就会出现问题，进而出现数学学习上的困难。高中数学相对于初中数学知识来说，在深度、广度及能力要求上都有一个质的提高。而且，刚刚进入高中就触及抽象的集合符号语言、逻辑运算语言、函数语言、图形语言等，学生一开始的抽象思维能力还未得到有效的培养，以至对集合、映射、函数等概念难以理解，认为这些知识与自己的实际生活距离太遥远，似乎"很玄"。这致使许多初中数学成绩还不错的学生，进入高中阶段后，第一个跟斗就栽在了数学上。加之数学研究对象的抽象性还具有逐层递进的特点，如果不能理解抽象程度较低的知识，学习抽象程度较高的知识就会有困难，有一个问题没听懂，后面不懂的就越来越多。这会直接影响学生的学习成就感和自我效能感，致使学生对自己的评价偏低，缺乏有效的学习动机，丧失学习激情，失去学习兴趣，从而形成数学学习的恶性循环。

2. 给教师的讲解带来了困难

数学的高度抽象性在无形中给高中生学习数学带来了许多障碍，同样，学生接收信息能力不强的现状也会给教师的授课带来很大的阻碍。首先，身为教师，在授课之前，教师应当对抽象的数学知识产生正确的认识，这个要求对教师的自身能力以及专业素养要求较高，在无形当中增加了教师的工作量。其次，在授课的过程中，由于学生对抽象数学知识的不接受，教师所选择的教学方法和教学手段就至关重要。此外，教师还需要在讲授抽象知识时充分考虑到学生间的理解差异。学校教育是一种群体教育，学生的理解能力和接受水平存在差异是数学教育中的普遍现象，如果采取"等量、等速、等要求"的教学手段，势必会造成一部分学生"吃不饱"，而另一部分学生"吃不了"的问题，不利于大面积提高教学质量。种种现实情况显示，数学的抽象性也给教师的讲解带来了困难。

3. 数学的高度抽象性有助于高中生抽象思维的形成

虽然数学的高度抽象性给高中数学教学的顺利进行带来了阻碍，但是数学教育之所以是基础教育阶段的重要内容，就在于其在培养学生抽象思维能力上的关键作用。所谓抽象思维，一般指抽取出同类事物的共同的、本质的属性或特性，舍弃其他非本质属性或特征的思维过程。这里有两个条件：第一，抽象出来的本质属性或特征原来就存在于同类事物之中，抽象的过程只是把它分离出来；第二，抽象出来的一定是事物的本质属性或特征，是决定其他非本质属性或特征的东西。数学知识当中的概念、定义等知识，即便是自然数这一个小小的概念，也已经是非常抽象的了，要经过很多层的抽象才能够得到。对数学科学体系的整个发展历史进行分析，就会发现"数"的概念的形成其实也是很不容易的。所以，要掌握数学知识，需要学生具有一定的抽象思维能力。换一个角度说，学习数学可以有效地促进学生抽象思维能力的形成和发展，让学生学会符合逻辑地思考，精确地计算，理智地看待事物。正因为如此，数学也经常被称为"思维的体操"。

数学中的这种高度抽象，对于高中生认识事物具有重要的方法论意义。要实现从感觉到思维的过渡，即从感性认识到理性认识的飞跃，抽象是最基本也是最合适的方法。可见，没有抽象，就不可能产生思维形式，当然也就不可能有思维活动的进行。由此可见，在高中阶段展开科学有效的数学教育，对于提高学生的抽象思维能力具有十分重要的意义。

三、广泛应用性

数学具有广泛的应用性，主要体现在以下几个方面：

首先，数学理论以及数学结论在现实生产与生活当中有着十分广泛的应用。尤其是在经济学领域，很多方面都需要用到数学理论知识，包含线性规划、非线性规划、测量论、优化理论等。并且，在诺贝尔经济学奖当中，现代数学理论成果获得的奖数量也非常突出。

其次，数学思想方法在教学领域、科学研究以及其他方面有着广泛的应用。随着数学价值不断地被人们所熟知，作为数学文化的精华——数学思想方法的价值，也更加被人们所重视。比如，在军事科学方面，可以通过建立概率模型来评判双方的军事实力，并且将政治、经济、气象等因素都融合在一起进行综合考量，选择出最为恰当的军事作战方案。再比如，在研究历史的过程中，为了确保对历史进程的研究更加科学和有效，可以通过数学的方法去收集和分析所获得材料的方向、内容以及趋势，从而解决历史探究过程中发现的难题。

再次，数学思维在现实生活中有着应用。社会经济与文化的快速发展要求人们具备良好的思维能力，其中，数学思维对人才顺利地融入社会当中起着十分重要的作用。在实际的社会生活中，抽象化、符号化、公理化、形式化、模型化、推理意识、审美意识等数学思维以及意识都是普遍适用于社会生产与生活的强有力的思考方式，将这些思考方式应用到现实生活中去，有助于积累起扎实的社会经验，使人们可以对生产与生活进行批判性的改造，做到正确地估算风险以及提出变通的方法。利用数学的思维去理解问题、思考问题并且解决问题，不仅影响了人们的思维方式，而且在人们的生活方式以及价值观形成方面产生越来越大的影响。

最后是数学语言、数学精神以及数学观念的应用。各个民族甚至各个地区的人民都有着自己的语言，数学作为一门科学，也有着独特的语言表达方式，并且数学的语言是通用的，有着科学的特征。科学数学化、社会数学化的过程，乃是数学语言运用的过程。科学也是用数学语言表述的，正如伽利略所说："自然界的伟大的书是用数学语言写成的。"[1]一切数学的应用，都是以数学语言为其表征的。数学语言已成为人类社会中交流和贮存信息的重要手段。

数学的广泛应用决定了数学在整个教育领域当中的重要地位，同时也是高中阶段的教学重点。在高中数学教学过程中，教师必须结合数学学科的应用特征，展开应用教学。这一目标的确立给学生的学习带来了一定的难度，主要体现在以下方面：

首先，学生很难了解问题的实际背景。事实上，许多学生在解决数学应用题的过程中之所以存在困难，是因为他们不了解问题的实际背景。学生在现实生活中往往并不关注那些能够用到数学的地方。比如，出租车的计价问题、贷款购房问题、购车偿还贷款的问题、人口控制问题，以及数学应用在其他学科上的问题，像细胞分裂问题等，学生对这些实际问题并不是很熟悉，遇到它们后就连这些问题的具体含义都搞不清楚，想要理解题干就需要花费大量的时间，更谈不上用数学知识解决它们了。最后的结果当然会变成"丈二的和尚，摸不着头脑"，因为学

---

[1]　张守江.也谈数学语言的教学 [J] .数学教学通讯，2004（12）：20-23.

生没有办法将这些问题和数学知识建立联系。

其次，学生找不到数学模型。现实生活中的许多问题都是可以用数学来解决的，但是大部分的学生却没有形成发现数学问题的习惯，不能很好地将实际问题抽象为数学问题来解决。像有关数列的问题，给了首项、公差、项数或是给了首项、公比、项数求通项公式或前 n 项和，对于这样的问题学生很快就会解决，但却不知道求解这些在现实中有什么意义，什么时候能用得到。因此，在遇到类似的问题时，学生当然会无从下手。由于学生对相关问题的实际背景不了解，所以不能很好地建立数学模型来解决该问题。

再者，学生运用已有数学知识解决数学问题的能力不够强。从客观的角度去分析，毫无疑问，数学是一门知识间彼此相关联的学科，一环紧扣一环。对于数学问题，当然可以用相关的数学知识来解决。但是，对于高中阶段的学生来讲，相当一部分学生利用眼前所学知识来解决相关问题还可以，即现学现用，一旦和过去的知识建立联系就不知所措。可见，大部分的学生还是把数学知识孤立起来学的，而没有在它们之间建立紧密的联系。可能对于利用公式、定理直接计算或证明的问题解决起来还是比较容易的，一旦遇到用旧知识解决与新知识相关的问题就会出现困难。其原因就在于，大部分的学生对数学知识的学习过于死板，并没有找到它们之间的接合点。也就是说，学生在解决数学问题的时候并不能灵活地运用已有的知识。

第二节　高中数学教学的原则

一、开放性原则

在新课程改革的背景下，高中数学教学的开放性原则的特点为灵活性、放松性、自由性。新课改背景下要求数学教师在教学模式的全部过程中都必须遵循这一原则，要做到：

在教学的组织形式上，应包括自主探究、小组合作、答辩交流等多种形式，为了开发每个学生的发散思维，数学教师的责任就是选择有效的数学教学形式。

在问题解决效果和方式上，对于同一数学问题，教师应鼓励学生各抒己见，用多种方法、多种途径解决。

在数学教学方式上，无论是数学新授课还是数学习题课，都给学生留有足够的时间去独立、大胆思考，挖掘学生的数学潜能。

在数学课堂上，师生关系应倡导新课改的理念，体现平等性、民主性，从而使学生挣脱数学教师的思维，形成自己开放的数学思维。

二、主体性原则

在新课改背景下，教师应当发扬和重视学生的主体作用。所以，对于高中数学教学来讲，教师应秉承这一思想为指导进行数学教学活动，无论是教师在数学教学中还是学生在数学学习中，要完全认可支持学生的主体性，让学生成为数学学习和数学活动的主人。数学教师要做到：

第一，发展学生数学自主学习能力。在数学教学活动中，无论是数学结论的探究过程还是数学结论的得出，都由学生自己自主获得。

第二，增强学生的数学自我意识。在数学问题的解决探求中，鼓励学生根据自己的生活经验、思维方式寻求数学结果。

第三，塑造学生良好的数学人格。教师在数学教学中要创建有趣恰当的数学情境，提升学生的数学热情，增强数学学习的自信心与内驱力。

三、指导性原则

在新课改的背景下，教师要重新定位自己的角色。数学教师在高中数学教学中应改变自己的角色。在高中数学教学模式中，数学教师在数学教学活动中扮演示范、组建、促进与设计的角色，学生才是数学教学活动的主角。教师起着数学指导的作用，负责创设数学情境，调控数学活动的组织方式和进程，组织分配数学小组的合作方式和分工协调，为学生创造良好和谐的数学学习环境和浓郁的数学学习氛围，帮助学生构建数学知识，掌握正确的数学思维方式。总之，在新课改背景下高中数学教学中，教师应变革自己的角色，即成为数学教学和学生学习的指导人。

四、活动性原则

在新课改背景下，数学教学模式不再是传统数学教学模式的讲授式形式，而是一种数学活动的教学。美国教育家皮亚杰认为，活动最适合学生的心理特征，爱玩、好动是学生的天性，教师应当根据教学内容，精心设计各种各样的教学活动，挖掘学生的内在学习动力，调动学生已有的知识与技能。数学教学活动能让学生自然而然地进入新课，能够带领学生兴致勃勃地学习数学新知识。教师在教学中，应注意：

第一，要尽可能扩大数学活动层面，安排学生参与到数学进程的各个环节中来。

第二，让学生明白数学活动的规则与目的，保证数学进程的正常展开。

第三，注意时效性问题，选择的教学内容不仅是为教学内容服务，还要简便易行，在较短时间内取得良好的教学效果，达到数学教学目的。

第四，教师要精心设计数学活动，把握教学进程的度，让学生在进程中建构数学内容，发展数学思维。

五、过程性原则

在新课改背景下，高中数学教学不仅要注重学生解决问题的结果，更要注重学生解决数学问题的过程。新课改强调学生不仅要学会知识，更要学会学习。所以，教师要特别注重数学教学的进程，这一教学目标的确立给教师带来了新的挑战。高中数学教师应当做到：

第一，要摆正观念，不再是单纯地将数学内容传授给学生，而是做学生数学学习的引路人。

第二，要引导学生加入数学教学活动中，使学生真正成为学习的主人。

所谓过程，是指在数学教育教学中，让学生自行探究、发现、解决数学问题，塑造学生的数学品质。

总之，在新课改背景下的高中数学教学过程中，一定要抓住学生学习的过程，"授之以鱼，不如授之以渔"。有效的数学教学活动与数学学习活动可以使学生从根本上理解数学概念的本质，明白数学概念的来龙去脉，使学生在以后的数学学习里，独自探究知识，塑造他们的数学自我学习涵养。教师绝不能够忽视过程。

六、探究性原则

在新课改的背景下，教师要特别提倡学生探究性学习。这一目标对教师的教学提出了新的要求，探究式教学主张教师结合学生的实际情况，在教学中建立一种教学情境，让学生经过本人、团队发现问题，通过不断学习探究获得知识、得出结论。所以，在高中数学教学中，教师要贯彻新课改的教学理念。在数学课堂教学中，要坚持探究性原则：

第一，在数学教学中，探究式教学应鼓励学生积极参与，塑造学生的数学创新理念与数学运用能力。

第二，探究式教学是依据数学问题展开的，这些问题通常是系统、繁杂的问题，要求学生相互配合、相互帮助来完成，这就需要教师调控好小组分配和小组任务。

第三，探究式教学往往最容易引起学生的学习兴趣，在数学探究式活动中，教师要先不让学生知道数学结论，而是让学生围绕感兴趣的数学问题，经过自己探究掌握新内容，塑造学生的数学探究意识。

第四，数学探究式教学不仅是要把数学当作结论的知识来教，更是作为一种数学过程来教，肯定学生是数学知识建构的独立意义的人。

第三节　高中数学数形结合的层次分析

一、数形结合的层次界定

对数形结合的层次进行界定，对于教师的教学和学生的学习都是很有必要的。有了标准，才能更好地实施教学方案。因此，标准的制订就必须是严谨的，这样实施起来才是正确的。所以，对于数形结合思想的层次的界定就需要慎重而行。

（一）数形结合的层次界定的必要性

在高中数学实际教学中，数形结合思想方法的教学还未真正落实到位，主要表现在数形结合思想方法的教学目标不够明确，在数学知识的教学过程中不能合理布点、由浅入深，课堂教学随意性、盲目性大，而计划性、系统性、有序性、层次性、过程性则显得不足。其中，要确定目标的根本就是要对数形结合思想的层次进行划分，可以从以下方面进行分析：

从学生学会数形结合的过程中，可以发现，学生需要完整地把握内容中与图像相结合的地方。在平时的教学中，学生会通过观察图像来发现性质，将数和形先初步地进行联系，再进一步地将图像进行变换，然后在其中发现图像的变化和代数式之间有何种联系，慢慢地形成数形结合的思想。在这个过程中，学生只能空泛地去了解，没有具体的标准，无法知道怎么样才算学会了数形结合的思想，怎么样才算掌握了数形结合。所以，对数形结合的层次界定很有必要。

在教师教学生数形结合的过程中，教师一般会让学生先对某个内容进行了解，再给学生图像，让学生找寻图像与代数式之间的联系，通过难度的升级以及重新设计题型让学生灵活运用数形结合的方法。在这个过程中，学生需要对数形结合思想一步步深化，这就是一个过程，过程中教师需要对学生的情况进行了解，不能简单地说掌握了和没有掌握，否则学生也不清楚到底需要在哪一部分进行提高，没有评价标准教师也难以对学生的情况进行分析并制订方案解决。所以，对数形结合的层次界定需要完善。

从课程标准上看，对知识的掌握程度的界定比较难把握。在高中的数学教学中，中学数学教学大纲对数学基础知识的要求分为四个层次，即"了解""理解""掌握""灵活运用"。

了解：对于所学习的知识有初步的认识，能够将知识点阐述出来，或者说是能够在看到题目的时候识别这个知识点。

理解：对学习的知识点进一步认知，达到理性的程度，不仅可以说出这个知识点是什么，而且还可以说出学习这个知识点之前和之后的内容，以及与其他的概念有什么联系，并知道这个知识点有什么用途。

掌握：是在理解的基础上，学会利用知识点来解题，在练习的过程中形成一种方法，进而形成一种解题技能。

灵活运用：是指在运用知识来解题的时候达到了灵活的程度，能够自如地对问题进行解答，并且可以延伸开来，形成一种能力。

有了大纲中的标准，对于知识的掌握就有了一定的界定，教师对于学生的掌握情况就有了掌控，对于学生而言，需要达到哪种程度就有了细分。

根据对数形结合的进一步研究，数形结合思想首先是高中数学教学中的重要思想之一，学生在学习思想方面没有具体的方法，教师的教学也主要是对方法进行渗透以及归纳总结，这就需要将数形结合这个思想具体化，让学生懂得将数形结合看作一类知识去学习。比如，在平时的函数学习或者是其他性质学习中，会主动地去认知数形结合在内容中有没有体现出来，在分析题目的过程中，会去思考题目有没有涉及可以用数形结合思想方法的地方，从而进行解题。数形结合思想的形成不能一蹴而就，需要时间的积累。所以，在这个积累的过程中，就要对数形结合思想的层次进行界定。

从高中教材中体现数形结合的内容上看，在新课标中规定：在高中的数学课程中，要密切关注学生数学思维能力的提升，这是进行数学教学的基本目的。数形结合在函数部分都有体现，高中所学习的所有函数都会具体研究函数的图像，同时几何部分有平面几何和立体几何，也都是对图像的研究，在几何中经常会利用到图像的相交和平移，这就是数形结合的深层次的问题。所以，高中教材中最重要的就是数形结合这一思想，如何让学生掌握数形结合，关系到对数学这门科目的学习。教材中大部分内容都涉及数形结合的运用，没有对数形结合深层次的研究，没有对数形结合思想进行深层次的规划，想要让学生学好数形结合这一思想就很难实现。所以，我们需要对数形结合进行具体的层次界定。

(二) 数形结合具体的层次界定

学习数形结合思想方法，其实就是对于数学思想方法的学习。对数学思想方法的学习，不可能通过简简单单的几节课就让学生掌握，需要日积月累，在高中数学学习的整个过程中都要涉及。

朱成杰提出，学习数学思想方法有三个阶段：潜意识阶段、明朗化阶段、深刻化阶段。而对数学思想方法的教学有三个原则：化隐为显原则、循序渐进原则、学生参与原则。结合数形结合思想来看，对于数形结合思想方法的教学，学生首先对于代数式的图像有所了解，在潜意识中回忆图像在题目中是否有作用，进一步对函数的性质进行分析，结合图像对每一项性质——对应起来，从而让图像和函数之间的关系明朗化，这就是从潜意识阶段到明朗化阶段的升级。之后的教学就要提升难度，从简单的性质考查到函数的变式转换，图像也随着发生改变，学生就能通过图像的改变去寻找和函数变化之间有什么联系，从中寻找出规律，运用探索方法去解决这一系列的变换问题，从而形成数形结合的思想，使其深刻化，这就是在学习中的整个过程。通过这个过程我们发现，我们需要更细致地对数形结合这一思想进行学习。如果简单地告诉学生三个阶段，学生难以对这一思想具体化，还是停留在对图像和函数的理解上。所以，我们需要对数形结合进行进一步的层次界定。

层次界定的根本作用应该是，让学生了解在学习中哪一方面对数形结合思想的学习是有益处的，而且要知道学习到了哪种阶段，从哪方面提升自己的数形结合思想的层次。这样，有益于学生对于自己的能力有一个掌控，同时教师在教学的时候也能看出学生学习到了哪一层次，需要在之后的教学中进行哪种改善。

针对数学思想方法教学中的三个原则，我们首先从学生参与说起。任何教学如果只是教师一味地讲解和灌输知识，学生只是听从教师的方法去套用，少了思考的过程，学生就会很容易将知识点遗忘，同时也不能使思想更加深刻。教学的过程中，一定要让学生一起参与进来，一起对知识点进行理解和归纳，使学生形成一种分析解题的能力。很多时候，教师对思想方法不会单独拿出来讲，认为在平常的教学中会涉及。但是，思想是一种隐性的状态，我们需要将思想化隐为显，要将这种思想方法告诉学生，数形结合就是将代数式和图像结合在一起进行学习，这样可以让学生更好地学习这一种方法，并且知道这就是思想方法，是可以运用到解题当中的，也是有益于学生的思维能力的培养的。至于循序渐进，在数学的学习中，所有思想都不是能很快掌握的，都需要学生对于这个思想慢慢地研究深入，从本质上去分析这个思想如何进行运用，从哪些方面可以用这种方法去分析问题，在解题的时候能够简单明了。这就是一个思想形成的过程，在这个过程中，学生需要从最基础的了解开始，慢慢地深入，一步步对思想进行分析，得出属于学生自己的方式，然后去学习这个思想。对于数形结合思想，学生需要对图像进行分析，在一步步的探索中找出和函数之间的联系，再经过学生自己的思考，对其中的联系进行探究，慢慢地形成数形结合的思想。过程中，需要教师对于学生的阶段进行划分，从而设置让学生提高数形结合思想的知识，达到让学生学会数形结合思想的目的。

要对数形结合思想的教学过程进行评价，一般策略是形成性评价和终结性评价相结合。形成性评价是以提问、测试、口答等各种检查的形式，对评价对象在达到终极目标的过程中，不断地明确学生达标的程度，及时发现学生在学习过程中的问题，随时修正和调节教学与学习活动。所以，要对数形结合思想进行教学过程的评价，首先就必须明确学生对数形结合思想达标的程度。对数形结合思想，我们必须进一步理解，并且做出层次界定。数学学习可以按照学习内容逐渐加深的层次分为三类，即数学知识的学习、数学活动经验的学习和创造性的数学活动经验的学习。其中，数学活动的经验是指相应的教学知识发生、发展和应用过程的经验，这种经验的概括表现为数学技能。数形结合思想就是学生通过对于数学知识的学习，将数与形联系起来进一步深化，在解决数学问题当中积累对数形结合的经验，从而形成一种数学技能。

教师在对数形结合的教学中，应该让学生在理解数形结合的基础上一步步加深对数形结合的认知，主动去发现其中的问题并加以解决。美国的布鲁巴克认为："最精湛的教学艺术，遵循的最高准则就是让学生自己提出问题，自觉学习。"① 要做到这一程度，就需要学生结合自己对数形结合层次的了解，从而根据自己的层次进行提高。

本书通过对教学过程的评价的解读，了解了大纲对于知识的层次界定和数学学习的层次分类之后，再根据教材中对数形结合的要求，对数形结合思想的掌握制订一份新的标准，具体的制订如下：

D级阶段：在数学的概念和知识点的学习中，知道它大致的图形，

---

① 黎雁.数学教学中如何体现学生的主体地位 [J] .中学理科：综合，2007（6）：16-17.

但不能准确地画出来。在解题的时候，只会对代数式进行分析，通过计算或者化简去分析问题，容易没有思路或者解不出来。

C级阶段：理解数学概念和知识点的基本性质，能够将它的图形完整地画出来，在看到题目时能画出图形。脑海中有具体的图像，会将图像的基本性质结合在图像当中，在对题目分析的时候结合性质去看待，遇到简单的问题可以直接对其进行解答，但是难一点的题目不会变通。

B级阶段：对数学中的图形完全掌握，画出完整的图形并且能够根据不同的题目进行各类图形变换，从而解决深一层次的问题。基本对于数形结合思想有大致的认知，会运用函数与图像之间的联系去分析问题，并用数形结合的方法去解决问题，从中发现解题的规律。

A级阶段：在掌握图形的变换的基础上，对数形结合的思想有完整的认识，并能看到题目会思考出图像，然后结合题目灵活利用图像进行解题。

（三）层次界定的作用

体现数形结合的层次界定完好之后，就是对于数形结合的学习的一个整体的认知。了解数形结合初步的层次，也是对于数形结合思想的进一步深化。数形结合思想在教材中的体现结合层次的界定，可以让教师清楚认识到对于数形结合思想应该如何去教，让学生认识到对于数形结合应该如何去学。

根据数形结合具体的层次界定，教师在备课的时候，就可知道渗透数形结合的思想的时候要做到哪个阶段。这就要求教师在教学设计的时候，对于每一类知识点进行分析，了解教学大纲中对于数形结合的要求，并制订出需要达到的标准，从而在教学中有意识地将图像与代数式相关联，这样才能更好地达到大纲所要求的，同时也为之后利用数形结合思想进行解题奠定基础。

同样，根据数形结合具体的层次界定，学生也可以知道自己学习到了哪一阶段，如果对数形结合进一步学习，又需要在哪一步进行学习，有了学习的方向，知道从哪一方面进行进一步的学习。比如说，在 C 级阶段的学习之后想要达到 B 级阶段，就需要先将基本的图形画出来，然后根据图形的变换，产生上下平移、左右平移、图像的翻折等。多加练习就能具备 B 级阶段的能力，再通过练习，就能知道自己对于这一阶段的数形结合思想是否掌握。有了标准，就能更好地执行下去，也让学生能够更清楚地认识到自己的水平层次，让学生在听课的时候能够清楚地认识到自己的不足，更有针对性地去学习有关数形结合的问题。

二、数形结合的层次界定在高中教学案例中的体现

根据数形结合的层次界定来教学，就是在平常的内容中设计数形结合的层次感，让学生通过数形结合的层次对概念进行理解。基于数形结合的思想方法来进行概念本质的研究，不仅可以帮助学生对概念进行完整的理解，还能进一步巩固数形结合的思想方法，最为重要的一点是可以加深学生对数学知识的认识。通过对数形结合的层次界定，在教学中更容易将数形结合所要达到的目标体现出来。教师在教学设计中就要有意地将数形结合的思想渗透进去，渗透的时候就有了标准，即在哪一步涉及数形结合的层次，这样有助于教师对于学生的层次进行把握，在下一次课程中进行改善。下面就是对两个知识点的教学设计，其中由浅至

深地学习数形结合的思想，而且在每一部分的设计意图中写出了如何在设计中展现出数形结合的层次界定带来的变化。

（一）单调性教学设计中的数形结合层次

1.单调性中渗透数形结合的设计意图及对比

单调性是高中数学中函数的一个重要的性质，利用单调性进行求解的问题很多，其中经常会利用到函数的递增和递减性，其本质就是图像的变换。所以，在学习单调性的时候渗透数形结合的思想是很重要的。对比于之前的教学，其形式是将单调性的概念进行讲解，再由代数式进行证明，从而得出单调性的证明方法。而在这个过程中，并没有将数形结合看作一种主体，导致学生不能理解地去记忆单调性的性质。在教学案例中，对单调性的教学设计进行了重新设计，在其中渗透数形结合的思想。并且，在每一部分的设计中都展示出数形结合的层次，让教师了解在每个部分需要将数形结合思想教到什么阶段。下面就是根据数形结合的层次界定设计出来的教学设计。

2.单调性中渗透数形结合层次界定的教学设计

（1）创设情境，引入课题

设计意图：由生活情境引入新课，激发兴趣。在这个阶段中，要让学生初步构建时间和温度的关系，形成基本的图形概念，由图形观察出云层的变化，让学生达到初步认识，达到数形结合的 C 级阶段。

课前布置任务：让学生利用网络、电视等途径去观察某一天的天气变化，从天气的变化中去发现温度是否发生了改变。通过电脑查询温度和气候的改变。通过观看电脑上的天气状况，可以去分析温度随着时间的变化是如何变化的。

结合从调查中获得的数据，绘制出 24h 内温度随时间变化的曲线图。

学生观察图形，发现温度和时间之间的关系。

问题：对图形进行解读，看出有哪些变化和特点？当天的最高温度和最低温度是多少？在某时刻温度是多少？哪段时间温度是升高的？哪段时间温度是下降的？

（2）归纳探索，形成概念

第一步，观察图形，感知变化。

设计意图：从图像直观感知函数单调性，完成对函数单调性的第一次认知。而在这一次的认知中，学生对于图形所体现出来的性质，是从 D 级阶段向 C 级阶段的一个进展，进一步了解了数形结合之间的关系。

问题 1：画出函数 $y=x+1$ 的图像〔如图 2-1（a）所示〕，观察图像中随着 x 的变化，y 的变化是什么样的。

问题 2：画出函数 $y=-x+1$ 的图像〔如图 2-1（b）所示〕，观察图像中随着 x 的变化，y 的变化是什么样的。

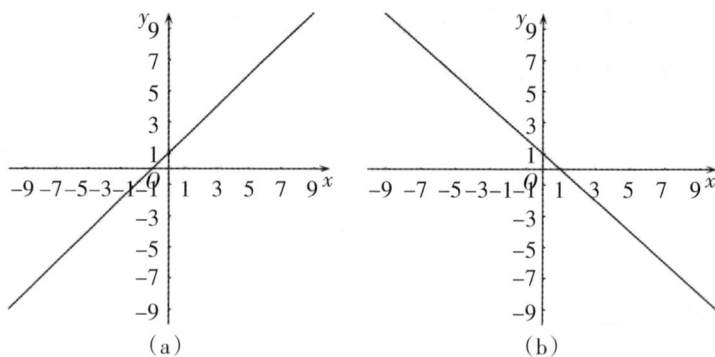

图 2-1　$y=x+1$，$y=-x+1$

第二步，概念形成，探究性质。

设计意图：把对单调性的认识由感性上升到理性的高度，完成对概念的第二次认知。在这一次的认知上，学生的理性认知得到了升华，也就是对于数形结合的层次又得到了提高，从 C 级阶段向 B 级阶段发展。事实上，也给出了证明单调性的方法，为证明单调性作好铺垫。同时，夯实基础，加深对定义中"任意"的理解，解决了学生在感性认知上的错误，用一种理性的方式说明正确答案。此外，展示出了图形与函数之间的关系，用图形来说明函数的变化，体现了 C 级阶段的一个成果。

问题 1：用数学符号表示出函数的单调性。具体见表 2-1。

表 2-1　函数的单调性

	在区间 A 内($A \in D$)	在区间 A 内($A \in D$)
图像特征	从左到右，图像上升	从左到右，图像下降
单调性	y 随着 x 的增大而增大	y 随着 x 的增大而减小

设计意图：让学生由特殊到一般，从具体到抽象归纳出单调性的定义，通过阅读课本及对分类题的辨析，加深学生对定义的理解，完成对概念的第三次认知。在这一次认知的基础上，对于数与形的关系更加深刻，概念和图形之间的关系已经基本完善，数形结合的层次达到了 B 级阶段，再进一步地通过练习就能向 A 级阶段发展。

问题 2：将书本上的概念进一步研究，看书本用文字是怎么描述函数的单调性的，对概念综合图像来进行记忆。

(3) 讲解例题，提升层次

设计意图：初步掌握根据定义证明函数单调性的方法和步骤。这类题目是典型的数形结合的方式，由图形看出函数的变化，再由函数反馈到图形，用代数的方法来证明图形的变化，让数和形结合在一起，体现于数形结合的 B 级阶段。

例 1：说出函数 $y=\dfrac{1}{x}$ 的单调区间，并指出在该区间上的单调性。其图像如图 2-2 所示。

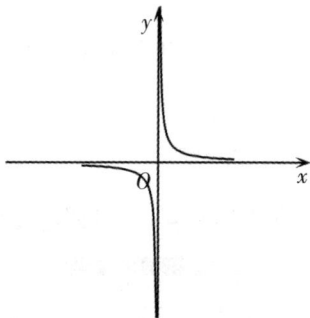

图 2-2　$y=\dfrac{1}{x}$

例 2：画出函数 $f(x)=3x+2$ 的图像（如图 2-3 所示），判断它的单调性，并且加以证明。

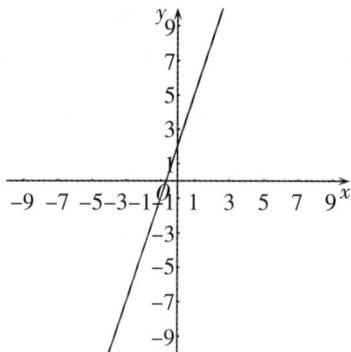

图 2-3　$f(x)=3x+2$

归纳学生证明函数单调性要注意的地方。

从上面的例题中发现，要证明函数的单调性可以通过五步去完成，第一步是在定义域上先任取两个 x，第二步是作差，第三步是化简，第四步是判断符号，第五步是下结论证明函数的单调性。

3. 教学设计中设有数形结合层次界定的作用

在这节课的学习中，强调单调性的证明，但是其中最重要的是图形和函数之间的关系。利用图形来观察函数的变化，再利用代数式的证明回归到变化趋势，从数形结合最基本的 D 级阶段，通过初步图形的观察到 C 级阶段，再由图形和函数之间的联系，以及对于单调性证明的方式，使数形结合达到 B 级阶段，最后通过一定的课后作业，对单调性中的数形结合灵活运用，最终达到 A 级阶段。

通过对单调性这个知识点进行数形结合的层次界定，可以发现，随着数形结合层次的逐渐推进，学生不只是对于数形结合这个思想更加清楚，同时对于单调性的性质也更加形象化。在新课的讲解过程中，教师也可以发现，对于单调性的问题，从图形中就能发现从左向右，图像中因变量的值是越来越大的，这比让学生背公式更能够理解单调性的含义。在图形的基础上让学生更容易掌握知识，同时对数形结合思想进行界定，让学生在每一部分的学习中知道该做什么，该如何去做。这有利于教师在形成性评价的时候去调整学生的教学计划，就像学生在理解掌握了数形结合的 B 级阶段之后，教师就可以根据学生的客观情况，引导学生通过函数式的变化去解决问题。这实际上就是数形结合思想从 B 级阶段向 A 级阶段发展的方式。所以说，通过数形结合的层次界定对单调性进行重新设计很有必要，也对教学很有帮助。

（二）指数函数教学设计的数形结合层次

1. 指数函数中渗透数形结合的设计意图及对比

指数函数是高中课程中学习的一个新函数。在初中，学生学习了一元一次函数和一元二次函数，这两个函数在初中的应用更多是让学生去进行求解。对一元一次函数的求解问题，可以直接求出，不需要借助于图形。对一元二次函数的求解问题，本身应该涉及数形结合的部分，但是求解中一般会利用公式法去求解，这就导致学生不能清楚地认识到数形结合在一元二次函数中的作用在哪里。

高中所学习的指数函数要区别于初中所学习的函数，没有具体的公式可以套用，这就要求学生必须对指数函数的概念与图像充分理解，从单调性去理解函数，从中研究指数函数的变化。这说明数形结合在指数函数的学习中十分重要。在学习指数函数的过程中，我们需要将数形结合思想渗透在里面，让学生了解在指数函数中数形结合体现在什么地方，同时学生学习的过程当中需要达到数形结合的哪个阶段。以下就是根据数形结合的层次界定对指数函数进行的教学设计。

2. 指数函数中渗透数形结合层次界定的教学设计

（1）创设情境，引入课题

设计意图：由生活情境引入新课，激发兴趣。在这个阶段中，让学生初步构建自变量和因变量之间的关系，形成基本的概念，通过函数观察因变量的变化，让学生达到初步认识，达到数形结合的 D 级阶段。

给出两个函数，即 $y=1.073^x$ （$x \leqslant 20$）和碳十四含量 P 的对应关系 $P=\left[\left(\dfrac{1}{2}\right)^{\frac{1}{\sqrt{30}}}\right]^t$，让学生观察它们之间有什么一样的地方，将这两个函

数放在一起看待，说说看出其中哪一部分是一致的。

（2）归纳探索，形成概念

第一步，探索指数函数的定义。

让学生阅读课本上的定义，同时判断下列函数是不是指数函数，说出不是的理由。

$y=2^{x+2}$；$y=(-2)^x$；$y=-2^x$；$y=\pi^x$；$y=x^2$；$y=4x^2$；$y=x^x$；$y=(a-1)^x$。

对这八个函数式子进行分析，观察其中的每一个条件，从中找到不同的地方，加深学生对指数函数定义的理解。

设计意图：由特殊到一般，培养学生的观察、归纳、概括的能力，使学生进一步理解指数函数的概念，也为之后学习图形奠定基础。让学生从分析指数函数的定义，得到图像间不一样的地方。对于数形结合思想有进一步的了解，将指数函数的形式演变成了指数函数的图形，由图形进一步了解指数函数，达到了数形结合层次的 C 级阶段。

第二步，画出图形，研究性质。

设计意图：我们在学习函数的单调性的时候，主要是根据函数的图像，即用数形结合的方法来研究。下面我们通过画出函数的图像来看出指数函数的性质。在学生画图的时候，也是学生从数形结合的 C 级阶段向 B 级阶段的一个发展，也将数形结合在指数函数中更具体起来，让学生利用图像来了解函数的性质。

活动：让学生画出指数函数的二类图像，即 $y=2^x$ 和 $y=\left(\dfrac{1}{2}\right)^x$ 的图像（如图 2-4 所示）。

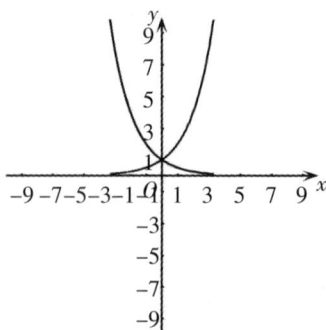

图 2-4 $y=2^x$ 和 $y=\left(\dfrac{1}{2}\right)^x$

让学生根据函数的图像进行观察，问 $y=2^x$ 和 $y=\left(\dfrac{1}{2}\right)^x$ 的图像有什么关系?

在这个图像中，学生可以发现两个图像是关于 y 轴对称的，实质上是 $y=2^x$ 上的点 $(-x,\ y)$ 与 $y=\left(\dfrac{1}{2}\right)^x$ 上的点 $(-x,\ y)$ 关于 y 轴对称。

同时，学生可以进一步增强对奇偶函数概念的理解。

活动：让学生在电脑上利用几何画板绘制出 $y=5^x$，$y=3^x$，$y=\left(\dfrac{1}{3}\right)^x$，$y=\left(\dfrac{1}{5}\right)^x$ 的函数图像（如图 2-5 所示）。

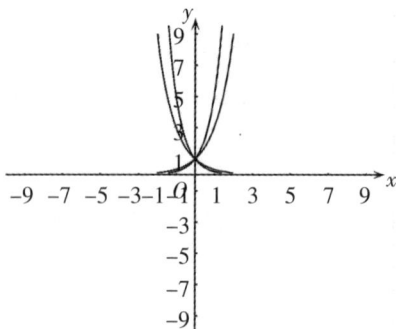

图 2-5 $y=5^x$，$y=3^x$，$y=\left(\dfrac{1}{3}\right)^x$，$y=\left(\dfrac{1}{5}\right)^x$

（3）例题讲解，数形结合

设计意图：让学生由一般到特殊，在将图形画出来的时候，深化学生对于函数与图形之间的联系，求解的时候讲函数的运算，得出点的坐标，培养学生的数形结合思想和创新能力，数形结合的层次达到了 B 级阶段，再进一步地通过练习就能向 A 级阶段发展。

例题：已知指数函数 $f(x)=a^x$（$a>0$ 且 $a\neq0$）的图像过点（3，π），求 $f(0)$、$f(1)$、$f(-3)$ 的值。

（4）归纳总结，适当延展

设计意图：夯实基础，强调不同的底数的时候指数函数的图形不一样，同时展示出了图形与指数函数之间的关系，用图形来说明函数的变化，体现了 C 级阶段的一个成果。

理解指数函数 $y=a^x$（$a>0$），注意 $a>1$ 和 $0<a<1$ 两种情况。

设计意图：在学生对指数函数掌握的基础上，让学生对高难度的题目进行练习，让学生在数形结合 B 级阶段，对数形结合进一步应用，从图形的平移变换入手，经过多次练习，让学生达到数形结合的 A 级阶段。从两幅图像我们可以让学生进行观察，图像的大概形状是相似的，不同的地方在于将图形往左或者是往右进行移动，从而让图像变化，变换的同时也让学生对函数式进行观察，发现这二者之间的关系。

3. 教学设计中设有数形结合层次界定的作用

在这节课的学习上，强调指数函数的图形与性质，但是其中最重要的是图形和函数之间的关系。利用图形来观察函数的变化，在求解的过程中回归到图形，实现对指数函数的理解，从最基本的 D 级阶段，通过初步图形的观察到 C 级阶段，再由图形和函数之间的联系，以及对于指数函数的图形的多次绘画，使数形结合达到 B 级阶段，最后通过一定的课后作业，对指数函数的数形结合灵活运用，最终达到 A 级阶段。

学生在理解指数函数的概念的时候，数形结合的思想慢慢在学生的脑海中形成，从最基础的图像的浮现，到最后通过图形的变换进行解题，这就是数形结合思想层次的一个提升阶段，而教师需要做的就是在讲解概念的时候渗透数形结合，同时将数形结合的层次表现出来，让学生有标准可循，知道在研究指数函数的时候如何将图形进行平移。学生经过这个概念的形成阶段，对数形结合的思想进一步加深，也为之后学习对数函数奠定了基础。所以，在指数函数的教学设计中，进行数形结合的层次界定是必要的，对学生理解指数函数以及求解指数函数的问题很有帮助。

三、数形结合的层次界定对教师教学的作用

通过以上的教学设计，能够看出，对数形结合进行了层次界定之后，研究数形结合思想的思路更加清晰。整体的思路大体上是一致的，但是在研究的内容与方法上有不一样的地方。比如，在指数函数的教学设计中，是将图形和函数同时进行分析，从函数的特殊取值上得出图形，再从图形的变化趋势上反过来研究函数的性质。数与形之间的结合让学生对于函数的理解更加深刻，也对函数的图形更加有印象。在学习完函数之后，自然而然对图形就熟悉了，再经过多方面的练习，对数形结合思想灵活运用，这整个过程就是数形结合从 D 级阶段到 A 级阶段的过程。

（一）树立数形结合的教学意识

一般来说，数学教师在高中阶段主要是对教材进行讲解，讲解完教材之后将教材中的知识点在题目中进行应用，之后再将其应用在数学考试当中去，这个过程就是讲练相结合。中国对于高中学生的考查方式主要是高考，应试教育的要求就是学生要知道如何去解题，所以对于教师而言，最重要的就是要教会学生怎么样去解题。如此，教师更多的是去研究用什么方法解决题目，有时候忽视了题目的本质是为了考查学生对于数学知识的理解。学生要学会数学，就应该在数学思想中有所认识，对教材中所学知识点蕴含的数学思想有所了解，从而进一步发展自己的思维能力，并从题目中去发现所考查的知识点。这样，学生的综合数学素质才会得到提高。

要提高学生的数学思想，首要的就是教师对于数学思想的认识，只有教师对数学思想重视起来，学生才会更加重视数学思想。学生对于数学思想重视起来之后，对于数学知识的认知也会随之提高，在对知识点的把握上就不是单纯的背诵，而应该是将数学的本质理解清楚。如此，在解题的时候就会抓住每道题真正要考的知识点，再反馈到所学的知识点上去。

研究数形结合思想的层次界定，会让教师在思想上重视，同时让教师本身的素质进一步提高，对数形结合的思想进一步细化研究，从每个层次和教材中的知识点进行匹配，了解每个章节所需要的思想需要达到什么层次。在函数中，基本的函数都会在学习的时候对应其图像，这都是数形结合的一种方式。数形结合思想方法通过"数"和"形"两个方面，使高中数学中的复杂问题简单化，抽象问题具体化，提高了学生的学习兴趣，降低了高中数学的学习难度。所以，函数是我们高中教材的根本，数形结合思想就作为一个重要的思想体现在高中教材中。只有将数形结合思想掌握了，才能让学生对函数的掌握更加简单，更加深刻。

研究数形结合思想的层次界定，能让教师对于数学结合在教学设计上有所体现，就如同所举例说明的指数函数，就是在讲解指数函数的概念上，用图形进行进一步的说明，用图形中的变化来理解函数的性质。在函数中体会数形结合的思想是高中的一个重要的阶段，了解数形结合对于函数的掌握也是至关重要的。对于学生在哪个阶段掌握什么内容，是教师需要在课前做足充分的准备，以学生的角度入手，思考知识点在每一个阶段所要掌握的层次。这样，才能树立良好的数形结合的意识。

（二）培养学生的数形结合思想

在培养学生的数形结合思想上，不能一步就位，一下就提升到 A 级阶段，应该一级一级地提升。比如说，刚刚讲解函数的概念，就不能强求学生直接求解出图像和函数相结合的问题。这会让学生产生一种恐惧感。一般我们在学习新课的时候，所选择的题目应该是简单的，其作用是为了让学生掌握函数的性质，并用函数的性质进行初步的解题。在对函数的理解加深的情况下，才会引入对图形的分析，从图形的角度去对函数进行研究。只有在对函数与图形的关系理解清楚之后，才能理清数与形之间的关系，在之后的解题中才能利用数形结合的思想进行解题。思想，并不是简单地说出来，学生就会理解的，只有在实际的讲解知识当中进行渗透，当知识理解到一定的程度，与图形联合起来理解之后，才能够提升数形结合的思想。从某种意义上讲，教会学生怎样学习，用什么样的数学思想去学习，远比学习知识本身更重要。毫无疑问，数形结合思想应该成为中学数学的教学重点，贯穿于中学数学教学的始终。

　　研究如何培养学生数形结合的思想，其实也是让教师本身对于数形结合有一个新的认识，并不仅仅是对这个思想的新认知，还应该是从学生的角度对数形结合思想进行一个新的诠释。教师对教材中的知识点了如指掌后，习惯性地觉得在哪个章节中加入数形结合的思想就可以了，甚至于将数形结合作为一种方法去教给学生，在平常的教学中，没有培养出学生数形结合的思想，想在一段时间内就把学生数形结合的思想培养出来无疑是不可能的。所以说，教师应该从学生的角度进行思考。数形结合在教材中涉及的内容很多，所以在平时的教学当中就应该渗透进去，同时也应该思考如何进行渗透。

　　学生学习一个新的知识点的时候，是一个从无到有的过程。所以，渗透数形结合的思想应该在平时的教学中就有所涉及，不能等到知识讲解完之后为了解题而单独提出来讲解数形结合的思想，否则学生不知道数与形的联系，其练习变成了看到题目就想要不要画图。正确的做法应该是，学生分析题目之后，对函数进行解读，看是利用函数的性质去解题，还是利用函数的图形去解题，或者是利用数形结合的方法去构建知识体系并解题。这是学生在看到题目时应该做的。教师要教给学生的不仅仅是方法，还有如何分析问题，再采用什么方法去解题。在教学中，经常遇见这样一种情况，学生在上例题课的时候，当做完一道例题之后马上做一道变式，学生基本都能做对。这是不是说学生掌握了这一种方法呢？答案是否定的，学生刚刚学完例题再做题的时候，仅仅是模仿，模仿之前的解题思路，甚至于形式都是一样的，学生只是将过程全部套用了一下，加上简单的计算，就觉得自己掌握了这种方法，课后也不再多想。这样一来，学生的记忆时间很短，即使知道了这种类型的解法，过了一段时间以后，学生就忘记了这种类型的题目应该怎么去做，或者说不用一段时间，将几种相似类型的题目混合在一起给学生，学生就会模糊，不知道该用哪种方法去解题。而出现这个问题的原因是什么？就是学生在学习如何做题的时候，被动地去记忆解题的过程，注意每个过程需要的条件或公式，而忽视了做题目最重要的是去分析题目中的条件和结论，观察题目考查的是哪个知识点，再从知识点去探究用函数的性质还是图形的变化去解题。这样，使得学生学一种方法只能维持一段时间。数学，也是一门需要时间的课程，使观察题目的角度多样化，才能寻找出最简单、最有效的解法去解题。将数形结合思想层次界定，就是让学生在学习数形结合思想上有了一个标准，能够参照每个阶段的含义，去弄清楚有没有掌握数形结合的思想。通过对于数学结合的层次界定，让学生有了自己去掌握内容的一种方法，从而进一步提高自己的思想层次。

(三) 引导学生运用数形结合

数学教材中，概念都具有浓缩性特点，体现了感性认识向理性认识的飞跃，还是多极思维的抽象的终结。教师在设计教学内容的时候有意识地渗透数形结合的思想，渗透数形结合思想的同时也加入了对于数学结合思想的层次界定，对于学生来说将是一个本质上的改变。学生的学习是建立在教师的教学上，教师有意识地进行数形结合层次的区分，学生就会在学习中注意函数与图像之间的关系。在一段时间的培养后，学生对于数学结合的层次感有了一定的了解。在高中的教材中，函数的种类有很多，从初中的一元一次函数、一元二次函数，到高中的指数函数、对数函数、幂函数，这些函数都是相对来说比较简单的函数，它们的图像对于学生来说可以画出来，研究的时候一般都会和图形一起进行，函数的性质也体现在图形的变化当中。比如说，单调性就看图形从左向右是上升趋势还是下降趋势，奇偶性就是看图形是关于原点对称还是关于 y 轴对称，周期性就是看图形有没有重复的部分。所以说，函数与图像之间处处都有联系，要想学好函数，就必须将图形把握好，对图像的变化清楚了，函数的变化也就更加清晰了。

通过对于数形结合思想的层次界定，引导学生的学习更具有标准性。学生对于函数的学习是一个循序渐进的过程，由最初对于函数的理解一直到将函数与图像相结合，这都是在函数的学习中渗透数形结合的思想。在渗透的过程中，可以将数形结合的 D 级阶段向 B 级阶段发展。而在我们的高考中，所考查的就不是单纯某一类函数的求解问题，而是经常性地将两类函数放在一起进行考查，这个时候对于学生而言难度就增加了很多。在平时的训练中，叫学生画出一个函数的图像比较简单，但是两个函数放在一起就不会了，这就是学生的思路没有进行转变，也就是在平时的教学中对于图形的本质没有讲解清楚，没有将数与形之间的联系表现出来。对于两类函数的问题，就是一个思维转换的问题，告诉学生两类函数的问题从图像上看，就是两个图像的交点，每个函数就是一个图像，它们的交点就是满足于两个函数的点，这样就将函数问题转变成图像问题。

教师引导学生学习数形结合思想的方式有很多种，除了在讲解新课的时候渗透数形结合的方法、在讲解练习的时候说明数形结合的方法以外，还有一个手段是数形结合思想讲解的最佳时间，就是对图形变化进行讲解的时候渗透数形结合思想。图形变化分为很多种，最简单的就是上下平移、左右平移，之后就是左右翻折、上下翻折。对于图形变化的讲解的时候，也是对于函数与图形之间关系的讲解，每一种变化都是代数式的变化，讲解清楚之后就是对于函数的深层次的研究，也是数形结合思想从 B 级阶段到 A 级阶段的重要转变。

第四节 高中学生掌握数形结合的必要性、可行性和影响因素

一、高中学生掌握数形结合的必要性

（一）新课标的要求

新课程标准不但要求学生在基本的技能上获得提高，以及对基础知识进行牢固的掌握，而且要求学生的个性得到可持续性的健康发展。数学有其特定的社会价值以及文化内涵，新课程对于学生了解其社会价值以及文化内涵有着重要的作用。新课程理念强调：

首先，数学是构成我们生活的一部分，与我们的日常生活是紧密相连的。并且，我们所学习的数学知识是可以帮助我们解决许多现实生活中的问题的。学生更要善于从生活的方方面面发现隐藏在其中的数学知

识，从而去解决在平常的生活中所遇到的问题。

其次，学生才是学习真正的主体，不同的学习方式对于学生理解和掌握数学知识、数学思想方法的程度是不同的。在现在的日常教学活动之中，相关的数学教育家和数学教师都觉得自主学习、探究学习、合作学习方式是更有利于学生学习知识并理解知识本质的学习方式。现代的课堂教学早已不是教师单方面地向学生灌输知识，学生只能被动地接受教师在课堂上所讲的有关数学知识。现代的教学不仅改变了教师教的方式，更改变了学生学的方式，教师的角色更趋向于是一个引导者、激励者。

最后，强调培养学生的思维能力。新课程标准与旧课程标准相比最大的优势就在于，新课程标准强调了数学思想方法的重要性，明确表明了学生应该去掌握相应的数学思想方法。其中，有一个重要的原因就是，数学思想方法在培养学生的思维能力方面所起的作用是非常巨大的。人们常说：你在校所学习的数学知识可能随着时间的推移渐渐淡忘，但是蕴含在其中的数学思想方法你肯定不会忘记，并且会让你受益终身。终身学习才是我们需要达到的最终目的，我们可以将发展智力、培养能力、学习知识有机地结合起来。通过此方式，我们就可以学会学习，并且可以有效地提高自身的数学素养。

新颁布的数学课程标准对于高中阶段的学生在日常的学习活动中有关数形结合思想方法的要求就是：

教学目标方面：在日常的教学活动之中，学生要在学习数学基础知识的同时掌握蕴含在其中的数形结合思想方法，并且在以后遇到类似的题目时可以用此来解决问题。

认知程度方面：学生可以通过观察图形得到隐藏在其中的代数关系，也可以通过读取题目中的相关信息画出相应的图形帮助简化问题。

学习载体方面：高中的集合、函数、解析几何、圆锥曲线、向量等知识都是其的载体，学生应该透彻理解与掌握。

认识途径方面：在将数转化为形以及形转化为数的过程中，学生应有自己的体会与理解，并且在图形语言和符号语言之间能够自由转化。

（二）数形结合具有很高的解题价值

数形结合的教育价值最主要的就是体现在解决相关的数学问题方面。在初等数学阶段，学生学习的两个对象就是数与形，数学问题当中数与形两种信息之间的转化就是数形结合。在数学学习之中，我们通常会利用直观的图形帮助理解抽象的数字信息，也会用抽象的数字来作出精确直观的图形。在通过图形帮助解决问题的过程中，我们可以探索出许多新的比较重要的信息。图形所特有的"整体性"与"共时性"特点，可以让我们摆脱逻辑与时间顺序的束缚，透彻地看到事物之间的本质联系。

罗增儒在 1997 年提出观点认为，根据问题的具体情境以及解题主体的思维倾向，解题的过程并不都是以直观的图形开始的[①]。但不管是从图形到数字还是从数字到图形，我们都希望可以有逻辑层面的分析，可以有形和数的双向的沟通，可以帮助理解表征目标和表征对象之间的本质结构，这也是经过解开数学问题进而得到相应的数学理解的一种有效的方式。总而言之，就是希望我们可以做到由图形到数字、图形与数

---

① 李永明.捕捉，提取，组合，反馈四阶段解题的思维剖析与思考——以 2014 年张掖卷第 28 题为例 [J]．中学数学（初中版）下半月，2015（7）：87-90.

字之间的信息相互交流。数字和图形可以相互结合，在转化的过程中，要满足数字与图形所表达的意思是等价的，切忌为了求优而造成不必要的误差。

王建荣在 1997 年提出的观点认为，数学中有许多繁杂的数量之间的关系可以通过画出相应的图形使其变得简单，也有许多很抽象、比较难理解的概念可以借助于图形变得更加直观。同样，图形也可以借助数字的精确变得更加严谨①。

童其林在 1999 年指出，抽象的数可以在直观的图形的帮助下简化，直观的图形也可以在抽象的数字的帮助下变得严谨与精确②。

黄河清在 2004 年提出，在日常的数学教学以及学习活动之中，遇到相关的题目时可以灵活地运用数形结合思想方法解决问题，这是特别关键的。它可以通过图形的直观性来说明抽象的数字概念以及联系，更能通过数字的精确性来说明图形的一些性质③。

在数学这门学科之中极其重要也是最基本的方面就是"数"和"形"。图形有其数量间的关系，数量又有其几何意义。图形的本质就是抽象的、概括性的数，数物化之后就是直观的、简化的图形。也就是说，数形结合就是把图形的几何意义和数字的数量关系进行良好的转化与沟通，进而去寻求解决问题的途径的思想方法。如果想要做到事半功倍，那么我们就需要在理解数学知识的时候将数与形结合起来考虑。遇到一些数学问题的时候，我们就可以通过绘制出精确的图形来进行问题

---

① 刘云. 巧用"画线段图"解决数学问题例谈 [J]. 科普童话，2018（20）：58.

② 张卫星. 让学生经历直观到抽象的嬗变——"认识图形"教学实践与评析 [J]. 教育科学论坛，2014（10）：8-11.

③ 王国祥. 数学问题求解中数形结合思想的运用 [J]. 中学生理科应试，2019（1）：7-8.

的简化。

邱海泉在 2005 年指出，要想让我们学习生活中所遇到的数学问题简单化，需要在我们的脑海中发散出多种解决问题的思路。我们可以在解决抽象的数字问题的时候借助于直观的数学图形，借助于数字的精确性来将图形严谨化，将数和形之间的信息进行交流①。

严海平在 2005 年指出，为了使得解题的思路变得更加明朗，我们可以合理地利用数形结合思想方法②。

张必平在 2005 年指出，在利用数形结合思想方法解决问题的时候最主要的优势就在于很直观，可以开阔学生的思路，并且引起学生学习的兴趣③。

结合上述各位数学家所得到的结论以及笔者在学习与教学活动中的经验，数形结合具有以下功能：

第一，简化功能。许多数学问题不是只有一种解决方法，很多利用数形结合可以解决的问题在不利用数形结合的情况下也可以得到解决，但在不利用的时候就会将问题变得很复杂。所以，灵活运用可以简化问题。

第二，显隐功能。利用数形结合的时候，我们可以根据题目画出相应的图形，从而有助于我们观察出隐藏在题目之中且没有标明的条件，可以帮助我们更快地解决问题。

第三，导向功能。在学习活动中遇到一些比较难以解决的数学问题时，数形结合思想方法就可以帮助我们去发现解决问题的思路，这就体

---

① 邱海泉.浅谈数形结合思想在高中数学中的几点应用 [J] .河北理科教学研究,2005（3）:40-43.
② 严海平.走出数形结合的误区 [J] .中学教研：数学版,2005（3）:44-45.
③ 李金艳.数形结合思想在解题中的应用 [J] .新课程（中学）:2012（9）.

现了它的导向作用。

第四，完善功能。虽然数学图形具有一定的直观性，但是并不是有图形就一定可以解决问题。这时，我们就需要利用数的精确性来帮助解决问题。

（三）思维训练价值

1. 数形结合有助于发展学生的形象思维

（1）数学形象思维的含义

形象思维，简单来讲，就是指凭借事物的具体形象和表象的联想来进行的思维。形象思维是有层次之分的，一般可以将形象思维分为具体形象思维和言语形象思维两种。前一种指的是借助具体事物为思维材料的思维，它的思维过程保留与具体事物的联系，相当于皮亚杰认知发展阶段理论中的具体运算阶段，它是形象思维的初级形态。后一种作为思维材料的表象是经过一定程度的抽象得到的。这里需要提到数学研究对象的概念，数学研究对象舍弃了物体的颜色、材质等属性，只是保留了其数量特征。而言语形象思维则是抽象逻辑思维的直接基础。数学中的形象思维大部分属于这一类。

数学中的形象与我们一般所理解的不同，不是现实生活中凭人的感官所能感知的形象，而是在进一步的抽象的基础上创造的理想形象。这些理想形象包括了从具体事物抽象出数学特点后形成的图形、图表和图像，也包括数学知识在头脑中形成的记忆表象。以这些表象为主要思维材料的形象思维就是数学形象思维。

（2）数学形象思维中的四种形象

数学形象思维中的"形象"，一般指的是几何图形及函数图像，但又不只是这些，如某些数学公式和表达式通常也有形式上的特点。数学中的"形象"分为以下四类：直观形象、经验形象、创新形象及意向形象。四种形象的使用代表了四个形象思维的层次。

直观形象指的是平面几何图形、立体几何图形和函数图像等我们很容易理解的一些形象，这些都属于第一层次的形象思维。比如，几何题中常常需要先根据题目要求作出几何图形再求解或证明，有些解题过程中或许还要添加辅助线，从而降低解题的难度。平面几何教学中所呈现的正是这类形象思维。

经验形象是比直观形象更高一层的一类形象。形式中的"形"与"式"常常是对应的。比如，在代数问题中的代数式如果满足了已经构建好了的某种结构特征，我们可以从中联想到其对应的形，把代数问题转化为几何问题，利用几何知识来解决代数问题。这种从"式"联想到"形"的过程中所产生的正是经验形象。例如，在求函数 $f(x)=\sqrt{x^4-3x^2-6x+13}-\sqrt{x^4-3x^2+1}$ 的最大值时，学生可以先对函数的解析式进行变形，将原问题转化为求点 $P(x, x^2)$ 到点（3，2）与点（0，1）距离之差的最大值的问题。代数式与其对应的直观形象保存在主体的认知中，从而构成了经验形象，如配对问题中连线、行程问题中的画线、概率问题的画图以及方程、不等式等都可以应用函数图像来求解。这些都是经验形象的应用，属于第二层次的类几何思维。这类形象思维是将代数问题与其直观形象联系起来，将抽象问题直观化和简单化。代数式本身具备的特征也属于经验形象的范围，如已知 $x^2+y^2=1$，求证：$y+x\leqslant\sqrt{2}$。在解决这个问题的过程中，学生可以使用转化的方法，将其转化为三角函数的问题。因为 $\sin a^2 + \cos a^2 = 1$，可设 $x=\sin a$，$y=\cos a$，再根据正弦函数的有界性就可以得出结论。其中，"设 $x=\sin a$，$y=\cos a$"就是主体根据两个式子的相似性所建构的经验形象。

创新形象指的是用一种非常规的、特别的思路来解决问题时所想象出来的形象。比如，对于一个无穷的等比数列 1，$\dfrac{1}{3}$，$\dfrac{1}{3^2}$，$\dfrac{1}{3^3}$，$\dfrac{1}{3^4}$，…，$\dfrac{1}{3^n}$，…的求和问题，罗增儒老师曾经想出一个学生十分轻易就能够接受的方法：把一张长宽比例为 3:1 的纸均匀分成三等份，如图 2-6 所示。

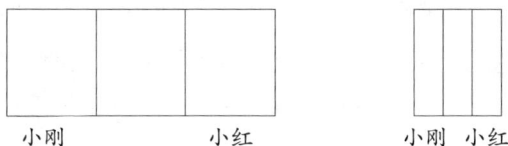

图 2-6　纸分成三等份

在把纸成功分成了三等份之后，再将其中的一份纸给小刚，一份给小红，这样一来，小刚和小红所得到的第一份纸片的面积正是 1，再将剩下的面积为 1 的纸片再三等分，并给小刚、小红各三分之一，两人得到的第二份纸片的面积为 $\dfrac{1}{3}$。将此步骤重复下去，可知第三份纸片的面积为 $\dfrac{1}{3^2}$，第四份纸片的面积为 $\dfrac{1}{3^3}$，……假设这个纸片最后能分完，则两人得到的纸片的面积相等，且都为总面积的一半，即 $1+\dfrac{1}{3}+\dfrac{1}{3^2}+\dfrac{1}{3^3}+\dfrac{1}{3^4}+\cdots+\dfrac{1}{3^n}+\cdots=\dfrac{3}{2}$。罗增儒老师在解决这个问题的过程中就是应用到了数形结合的方法，让学生可以摆脱"极限"概念的干扰，借助于简单直观的纸片面积去更加轻易地得出结论。

数学形象思维的第四个层次，是一种主体具备的数学观念所产生的直觉，所借助的形象可称为意会形象。这是对各种数学观念的性质、相互联系以及重新组合过程的形象化感觉，是数学的知觉，很难用清晰的逻辑语言完全叙述清楚，一般存在于数学家的思维中。庞卡莱曾对这种观念直觉做出较为生动的描述。他把存在于人脑中的种种数学思想或概念叫作"观念原子"。这些原子原来是挂在墙上带钩子的原子。当我们的大脑开机后，成群的观念原子就活动起来了，相互作用和组合形成新的观念原子。这些观念原子的巧妙组合就能形成新思想或新概念。爱因斯坦在回答阿达玛所准备的一组问题时写道："无论是在写作的时候，还是在论述的时候，所使用的单词或语言对于我正在进行的思维活动几乎不起丝毫作用。作为心理元素的思维实体只是某些符号，以及时而清楚时而模糊的意象……"[①] 在这些问题的探讨上，庞卡莱、爱因斯坦所说的"观念原子""意象"就是意会形象。意会形象是个体对数学思考对象的一种整体感觉，是模糊的、易变的、难以描述的。这种意会形象的思维称为意象思维，是形象思维的最高层次。

综上所述，数学形象思维是人们通过形象反映数学对象间关系的过程，兼具形象性和抽象概括性，在几何教学和代数教学中都有充分体现。

（3）形象思维与数学学习过程的联系

数学形象思维作为言语形象思维的一种类型，是形象思维的高级形式。它是在生动鲜明的语言的支持下形成具体的形象或表象来解决问题

---

① 杨建华.谈数学课堂教学中思维的意向性 [J] .数学教育研究，2007（6）：6-7.

的思维过程，一般都会带有强烈的情绪色彩，其主要的心理成分是表象、联想、想象和情感。数学学习过程是学生对数学内容的理解、掌握和应用，其一般路线是：先学习基本的数学概念和原理，然后在基本概念和原理的指导下，逐渐展开理论体系，使学习的内容逐渐接近客观实际。形象思维贯穿整个数学学习过程，下面对此进行具体说明。

首先，表象是形成数学概念的基础。数学研究的两个对象就是"数"和"形"，数学中的表象即"数"和"形"。其中，"数"主要指的是数字、解析式以及由解析式构成的等式与不等式等我们通常理解的数学式子，"形"主要指的是几何图形、图表和图像等。一般认为，数学中的形象思维所凭借的数学形象往往指的是数学中的"形"，很少会涉及"数"的领域。然而，代数式之间也具有形式上的一致性，如一元一次方程的一般式 $ax+b=0$ 与一元二次方程的一般式 $ax^2+bx+c=0$，因此数学表象应包括"数"和"形"两个方面。

数学概念形成虽然是一个抽象的过程，但也离不开主体的形象思维。徐利治先生把数学研究中的抽象思维分为四个阶段，其中第一阶段为主要研究数学问题阶段，即把实际问题转化为数学问题，形成数学表象。比如，几何图形的表象源于土地测量、编织和制作陶器等活动。第二阶段主要是对各种具体数学属性进行分析，逐步去掉数学现象的非本质属性，只保留本质属性，此为概念的初步形成。这一阶段是以表象作为思维的材料，通过比较与归纳来获得研究对象本质属性的过程。表象是由实物转化为概念的中介，是第一步抽象的产物，也是下一步抽象的基础。每一个数学概念的形成都离不开背后具体表象的支持。

其次，联想是解决数学问题的途径。获得数学表象是数学形象思维的开始，进一步的思维活动则需要靠联想。联想指的是由当前感知或思考的事物，想起与之相关的另一事物。联想涵盖的范围非常广泛，不仅存在于形象思维中，在概念的形成、问题的解决、结论的验证等抽象思维发展过程中也都需要联想的力量。此处的联想主要指的是由某一个表象想到另一表象的思维过程。比如，根据函数的表达式想到函数的图像和性质，或由二维平面空间联想到三维及三维以上的空间。联想的产生建立在数学表象存在的基础上，且需具备联想的意识。数学联想是在观察的基础上，根据所研究的对象或问题的特点，联系已有的知识、技能、经验的思维活动。波利亚在《怎样解题》一书中给出了一个数学解题表，其中第二步是找出已知数据与未知量之间的联系。联想即是找出两个事物之间的联系的最常用的方法。能否找到条件与结论之间的联系是解决数学问题的关键，因此联想能力的高低也决定了数学解决问题能力的强弱。

再者，想象是提出数学猜想的前提。想象是在联想的基础上加工原有表象而创造出新表象的思维活动。想象和联想是不同的概念，两者的区别在于：联想是建立两个表象之间的联系，是对原有表象的简单利用，而想象是通过对原有的表象进行分解、选择和重组，对原有表象进行加工和改造而形成新表象的过程。然而，它们又是相互联系的，联想是想象的基础，没有联想就无法想象。想象是更高一级的联想，当通过联想无法找到两个表象之间的直接联系时，就需要打破常规，添加新的思维材料，转换角度对问题进行新的思考。比如，在几何题的证明中添加辅助线的做法，就可以使得原本不清晰的几何关系瞬间变得明朗。当然，不仅是在联想遇到问题时需要想象，数学结论的发现和推广更需要想象。比如，在平面几何里我们已经知道正三角形的外接圆和内切圆的半径之比是 2:1，那么将这个命题拓展到空间正四面体，其外接球和内切球的半径关系有没有相似的结论呢？这是一个在立体几何教学中经常用来训练学生类比思维能力的例子。类比的前提是在观察的基础上进行联想和想象，只有发现所类比的两个事物之间的共性，才能提出猜想。

最后，情感是进行数学创造的动力。数学形象思维的情感因素主要指的是对数学美的认识与领悟。数学美是带有一定主观感情色彩的精致的直觉，数学美的内容主要包括简单美、对称美、统一美和奇异美。数学美是数学发展的动力之一，是数学发现的重要方法，是检验数学的重要标准。历史上的数学家大多对数学美给予了高度评价，并把他们的研究发明归功于对数学美的追求。两千多年前，毕达哥拉斯学派提出"万物皆数"的哲学理念，并把数看成是一种和谐美。这一思想不仅深刻影响了西方数学的发展，而且也影响了西方的科学和文化的发展。哥白尼和开普勒提出"日心说"这一革命性的理论，正是由于他们虔诚信奉毕达哥拉斯派的思想，认为宇宙是一个系统的、和谐的结构，其本质是数学定律，于是他们着手寻求这种本质。阿达玛也曾说过，发明就是选择，而选择是被科学美感支配的。数学美不仅是数学家们发明和创造的有利因素，也是我们在数学学习中不可缺少的元素。比如，在解题方法的选择上，力求简单。数形结合的广泛应用就体现了人们对数学美的追求。

2. 数形结合有助于培养学生的抽象思维

（1）抽象思维的含义

抽象指的是抽取同类事物的共同的、本质性的属性或特征，而舍弃其他非本质的属性或特征。比如，猪、狗、马、猴、羊，它们都是动物，动物的概念就是通过对不同种类的动物的共性进行分析而抽象出来的，动物这一概念的获得，就是一个抽象的过程。任何概念的获得都经历了抽象的过程。抽象思维则是依据概念进行推理和判断的一种思维方式。数学的抽象性决定了抽象思维是数学思维的核心。数学中对很多的抽象归纳不是一次完成的，数学的高度抽象正是由于数学知识和方法的多次抽象。抽象思维有不同的水平，而抽象思维的水平实际上指的就是对数学对象的抽象水平。根据思维程度的不同，张国旺将抽象思维分为经验型抽象思维和理论型抽象思维。我国著名数学家徐利治先生曾提出"抽象度分析法"，对数学抽象程度本身进行了定量分析。抽象度分析法着重对于抽象思维一般规律产生理解。它使人们能够根据数学发展的需要，自主地调整已有的概念层次结构。通过对数学抽象物原型、层次结构和抽象难度的分析，学生可以受到生动丰富的数学抽象思维训练。在数学教学中，小学阶段主要培养学生的具体形象思维，升入中学，逻辑思维有所发展。其中，初中以培养经验型抽象思维为主，高中以培养理论型抽象思维为主，逐渐向辩证思维过渡。

(2) 抽象思维的两个阶段

很多知识都是通过归纳得到的，而数学知识的获得则在一定程度上重视学生的证明，从而保证学生思维的严密性。对于一般的数学知识形成而言，证明是必不可少的。但对于学习数学的人来说，数学知识的证明步骤并不一定好理解，可能超出了初学者的认知发展水平，因而并不是必需的。比如，初中教材中给出了正负数的概念、用字母表示数以及整式的四则运算，这些都是通过实例猜想来归纳得出运算性质的。整个过程给出了运算存在的规律以及它是如何进行的，但对于这种做法的正确性并没有给予理论上的证明。这种思维过程就是经验型抽象思维。从小学到初中，学生逐渐由具体形象思维向经验型抽象思维过渡。初一教材的安排充分考虑了这一特点，在引入同底数幂的乘法和乘法法则时运用了经验型抽象思维的推导。

　　进入初二，学生进入了以经验型抽象思维为主要形式的思维过程，一直持续到高一阶段。经验型的思维比较符合一般思维过程。根据特殊的情况归纳猜想得到一般结论，这就是经验型抽象思维。这与"天下乌鸦一般黑"的推理过程是一个原理。思维发展的阶段性，不是截然分开的。经验型抽象思维发展的过程中同时孕育了理论型抽象思维的发展，即完全摆脱具体的形象，开始对经验材料进行抽象的逻辑论证。高中阶段，学生正处于抽象思维发展占主导地位的阶段，且经验型抽象思维逐渐转化为理论型抽象思维，辩证思维也有了初步发展。因为高考的压力，大部分学校高中三年的课程都压缩在两年内完成，原本定于高二时期的课程提前在高一完成，如数列。数列属于代数内容，是锻炼理论型思维能力的一个重要部分。比如，等差数列的通项和前 n 项和公式及其性质的获得，都可以由其定义推导出来。首项为 a_1，公差为 d 的等差数列，由定义可知，其第二项为 a_1+d，第三项是第二项再加公差 d，即 $a_1+d+d=a_1+2d$，由此可归纳得到第 n 项是 $a_1+(n-1)d$。通过归纳法得到等差数列的通项公式，对于高中学生的思维成长已经是不够的了，在高中阶段，还添加了用叠加法证明这个公式的正确性的推导方式。如果将条件中的首项换掉，换成数列中的任意一项 a_m，我们还可以得到等差数列更一般的通项公式 $a_n=a_m+(n-m)d$。反过来，若已知第 n 项 a_n，则可知第 $n-$

1 项为 a_n-d，第 $n-2$ 项为 a_n-2d，……由此可发现，第一项与最后一项之和等于第二项与倒数第二项之和，也等于第三项与倒数第三项之和，即 $a_1+a_n=a_2+a_{n-1}=a_3+a_{n-2}$。把结论进行推广，只要两项的项数之和相等，则两项之和相等，即若 $m+n=p+q$，则 $a_m+a_n=a_p+a_q$。等差数列的前 n 项和公式 $S_n=a_1+a_2+\cdots+a_n$，又因为 $S_n=a_n+a_{n-1}+\cdots+a_1$，则两式相加得 $2S_n=n(a_1+a_n)$，故 $S_n=\dfrac{n(a_1+a_n)}{2}$。等比数列的通项公式 $a_n=a_1\cdot q^{n-1}$ 可以通过类比得到，其前 n 项和公式则需要用等比数列的性质来求得。将 $S_n=a_1+a_1q+\cdots+a_1q^{n-1}$ 两边同时乘以公比 q，得 $qS_n=a_1q+a_1q_2+\cdots+a_1q_n$，观察两式，可发现式子的右边很多是相同的项，两式相减得 $S_n-qS_n=a_1-a_1q^n$，则 $S_n=\dfrac{a_1(1-q^n)}{1-q}$。等差、等比数列是最基础的两种数列，从其求前 n 项和的过程中，可归纳出倒序相加法、错位相减法两种求数列前 n 项和公式的基本方法。通过加法和减法，把抽象的多项求和问题变得形象化、简单化。

这些方法在后续数列的学习过程中经常会用到。高中数学知识的安排很多都是按照公理化思想，首先给出一些基础定义，再从定义来推导出性质和结论。这种推理方法就是理论型抽象思维。不仅代数内容如此，几何教学也是一样。比如，给出平行四边形定义，可以推导出其中的边、角关系，再去应用这些性质。解析几何的重心放在了与坐标联系起来，将几何问题代数化上。代数与几何，既有形象思维，也有抽象思维。

3. 数形结合有助于形成学生的整体性思维

一般来说，人在思考一个完整的问题时都不会仅仅用逻辑思维，而是两种思维甚至多种思维并用的。在解决数学问题的过程中，主体往往通过形象思维得到一个直觉的解或给出一个假设，然后用逻辑思维进行仔细的论证或搜索。但这两种思维又是可以独立存在的，也可以单独解决问题。对不同的问题，所用思维的侧重面是不同的。对于一些逻辑性较强的问题，如数学、哲学、法律等问题，则偏重于逻辑思维，但形象思维在其中也是不可缺少的，否则就没有创造性。数形结合，既是代数与几何的结合、抽象与直观的结合，也是抽象思维与形象思维的结合。数形结合反映了数学各科之间的内部联系和统一性，体现了人们对数学的总体认识。形象思维与抽象思维是两种主要的数学思维。数学知识的产生、获得与发展都离不开两种思维的相互合作。

根据"裂脑人"的实验研究发现，人脑右半球有极强的非语言思维能力。大脑左半球具有完整的思维体系结构，而右半球则缺乏语言存储，因此只有形象思维能力，是一个不完整的思维结构体系。当两半球相连时，两者可以相互配合解决问题，但一旦将两半球的联系切断，两半球单独工作，这时右半球只能进行形象思维。人的大脑的两个半球具有不同的功能，左半脑主要负责逻辑分析和推理的任务，右半脑主要负责形象思维和审美的任务。左、右半脑在生理机制上互相联系、互相促进。我们常常强调数学思维的逻辑性和抽象性，这与左半脑的思维有关。然而，数学中也有"实验、猜想、直觉、美感"等思维，而这属于右半脑的思维。数学中的思维主要是以抽象思维为主，我们不可否认数学对于培养抽象思维的巨大作用。然而，形象思维的作用也是不可忽略的，它与抽象思维相辅相成。

（1）两种思维的特点及相互关系

抽象思维是利用概念来判断、推理的过程，是在局部进行的一种连贯的思维活动，特点是准确、简洁、易于表达等，缺点是假如在某一个地方出现了错误，整体都会出问题。而形象思维是一种并行处理信息的动态过程，是全局性的。因而，形象思维具有协同性、全局性、动态性的特点，也有不确定、不唯一、难以表达的特点。

两种思维各具特点，优势和缺点都比较明显。在思维过程中，往往取长补短，充分利用各自的特点，是一种相互补充的关系。在要求迅速做出决策而不一定要十分精确时，多凭形象思维，或者直接使用直觉。当要求严格的论证时，就要用逻辑思维。对一个问题的提出、假设和猜想是用形象思维，要说明其正确与否则是用逻辑思维实证。这是解决一个问题的两个方面。科学研究更是这样，仅靠逻辑思维是提不出问题和假设的，更不可能有创造性。单纯的形象思维往往只会得到表面的甚至是错误的结论，不能深入下去。形象思维可以提出一种方向和道路，逻辑思维则可以去具体实现。

马克思在论述认识方法中的具体和抽象的关系时指出两条道路："在第一条道路上，完整的表象蒸发为抽象的规定；在第二条道路上抽象的规定在思维形成中导致具体的再现。"[①] 形象思维与抽象思维的关系如同具体与抽象的关系。在第一条道路上，抽象的思维概念是从具体的表象概括得到的，是具体的个别转化为抽象的一般的过程，这就是形象思维向抽象思维的转化过程，是形象思维的抽象化过程。在第二条道路上，因为了解的加深，抽象的概念逐渐变得具体化。抽象思维又转向了形象思维，抽象思维变得形象化。实际的思维过程常常是两种思维的交叉和贯通过程。以函数的概念为例，在初中刚接触函数概念，对于学生

---

① 吕乃基.马克思"两条道路"的科学方法论意义 [J].科学技术哲学研究，2012 (3)：11-16.

来讲，这是一个抽象的、难懂的概念，而随着学习的不断深入，函数变成一个个具体的内容，且每个人心中对函数形成的具体形象可能也不同，有的可能认为函数是一个图像，有的认为函数是解析式……到了高中，学习了函数的性质，如函数的单调性，这个时候的函数单调性的概念又成为学生脑中的一个新的抽象概念，而一次函数的概念在此就是一种具体的函数类型，相比较抽象的"单调性"则显得具体化。所以，思维的过程是形象与抽象交叉进行的。

(2) 数形结合中两种思维的合作

数学是研究数量关系和空间形式的学科。我们把"数量关系"和"空间形式"简称为"数"和"形"。数和形是数学的基本研究对象。数学是一门思维的学科，其中"数"主要代表了代数一块的内容，"形"则是几何内容的体现。代数内容以抽象思维为主，几何中多涉及形象思维。虽然将数学分成"代数"和"几何"两个主要体系，但两者之间是紧密联系的，是不可分裂的。纵观整个数学发展历程，就是一部数形结合的发展史。数产生于记数的需要，用来表示"数"的工具则是具体的图形，如我国古代的算筹和算盘。西方古希腊时期的毕达哥拉斯学派用沙滩上的石子来研究数，是早期的数形结合。欧几里得的《几何原本》奠定了几何学作为数学发展的基础地位，数作为几何量的度量而存在。他们用线段代替数，两数的乘积即为边长等于两数的矩形的面积，三数的乘积是体积。两数相加是一段线段的延长，减法则是将一线段的长度减去另一线段的长度。几何代数法的应用逐渐引出了解方程的问题，可谓代数发展的起源。此后，在很长的一段时间内，几何占据数学发展的统领地位，而代数方面的进展主要集中在解方程方面，几何与代数之间的联系没有那么密切，直至坐标系的引入，使得代数与几何合为一体，数学才有了突破性的发展。笛卡儿创立了解析几何，在数学中引入了"变量"，数学开始由常量数学向变量数学进行转变。解析几何是代数与几何结合的产物，是数学史上的伟大创造。微积分的创立则是数形结合的进一步成果，解析几何与微积分被誉为数学发展的两大里程碑。拉格朗日曾说："只要代数与几何分道扬镳，它们的进展就缓慢，它们的应用就狭窄。但当这两门科学结合成伴侣时，它们就互相吸取新鲜的活力，从那以后，就以快速的步伐走向完善。"[①]

（四）数形结合思想在其他学科与特殊教育中的应用

越来越多的研究者将数形结合思想的研究聚焦于数学学科教育，也有学者对中学物理、中学化学等学科中数形结合思想的应用进行了研究。

刘丹认为，要表示物理量之间的关系，除了用式子外，还可以用图形。物理图形的运用高度体现了数形结合思想应用于物理教学之中，它直观地体现多个物理量间的联系，真切地表述了物理过程，准确地呈现出实验的结果[②]。

李忻指出，通过"数"转化为"形"能够直观地解决化学问题，简化问题，还可以宏观地找到数据间的关系，而借助"形"转化为"数"，学生可以把图像问题转换为化学问题，最后通过化学知识来解决问题[③]。

随着教育形态的多元化发展，越来越多的与数形结合思想相关的因

---

① 唐毅，刘光.几何问题代数解的潜在功能 [J] .数学教学通讯：中教版，2005（9S）：46-48.

② 刘丹.数形结合思想在中学物理中的应用 [J] .科学大众（科学教育），2012（11）：34.

③ 李忻.数形结合思想在化学解题中的应用——以 2014 年北京高考理科综合化学试题为例 [J] .中学化学教学参考，2015（8）：70-71.

素被研究者发掘。有学者对特殊教育高中数形结合思想融入数学教学进行了相关研究，并针对接收信息不便的学生应用数形结合思想解题做以阐述。

赵春庆指出，"数形结合"与接收信息不便的学生在视觉、思维上的认识特点相符，通过应用数形结合思想，不但能使抽象的数量关系变得直观、立体，而且能将无形的解题思路变得具体，发展特殊教育中高中学生的思维水平，增强解决问题的能力[①]。

陈志华认为，数形结合符合特殊教育中高中学生的思维和认知特征，是形象思维过渡到抽象思维的桥梁，而且有利于开发他们的潜力以及大脑功能的全面生长，所以应用数形结合思想，可以发展他们的思维水平，开发他们的智力，增强他们的学习兴趣，使教学取得事半功倍的效果[②]。

二、高中学生掌握数形结合的可行性

（一）高中数学教材中的数形结合渗透

对于高中数学教学中涉及的各种教材，一般学校上课的顺序是先必修再选修。按照模块内容来说，就是由集合开始，然后分别学习函数、三角函数、向量、解三角形、不等式、立体几何、解析几何、统计和概率等，大体都是这样。在对高中阶段涉及的主要知识体系进行分析之后，笔者对高中数学主要涉及内容中的数形结合思想进行了整理。

对于集合这一章节，数形结合思想方法的应用主要体现在利用维恩

---

① 唐协和. 数形结合思想在解题中的应用 [J]. 小说月刊，2017（8）：164.
② 徐闻淑. 渗透数形结合培养学生思维 [J]. 安徽教育，2000（5）：34-35.

图和数轴表示集合这一方面，从而帮助学生更加直观地理解集合的含义和处理集合的交、并、补运算。集合的学习都是安排在高中阶段的，此时学生刚刚进入高中，对抽象的数学符号的理解比较陌生，故而通过维恩图和数轴来辅助学生进行集合的交、并、补运算，直观地理解集合间的包含、相等、真包含等关系，实现以"形"助"数"。

函数部分数形结合方法的应用就比较多了，且从深度上来说，随着函数教学内容的不断扩展，数形结合思想的应用也不断深化。下面，先通过表2-2给出数形结合思想在函数各部分知识上的集中体现。

表2-2　数形结合在函数中的分布

函数的概念和图像	给出函数图像的概念;演示如何画一次函数、反比例函数和二次函数的图像;通过上述函数图像比较函数值的大小(以形助数)
函数的表示方法	给出函数图像的三种表示方法，使学生初步体会函数解析式、函数图像之间的对等关系
函数的单调性	通过数学符号刻画函数图像的上升、下降,引出单调增、减函数等概念(初步以数助形);利用函数图像,判断函数的单调性并给出单调区间,求函数的最值等(以形助数)
函数的奇偶性	借助数量关系刻画函数图像的对称性,引出奇函数、偶函数的概念(初步以数助形),借助函数图像判断函数的奇偶性(以形助数)
指数函数	画指数函数的图像,并通过图像研究指数函数的性质,比较数值大小;通过比较函数图像,说明函数图像的移动与函数解析式变化之间的关系(以形助数)
对数函数	画对数函数的图像,并通过图像研究对数函数的性质,比较数值大小(以形助数);演示如何通过平移、对称得到一个比较复杂的函数的图像(以数助形)
幂函数	画幂函数在第一象限的图像,并通过奇偶性得到整个图像(以数助形),再由幂函数图像研究它的性质(以形助数)
函数与方程	利用函数图像的交点解释函数方程的根的意义(以形助数);结合二次函数图像与轴的交点说明判别式的符号和方程根的个数(以形助数)

通过表 2-2 可以发现，在函数章节，数形结合思想的主要应用是以形助数，借助函数图像的直观性来比较函数值的大小，判断函数的定义域、值域、奇偶性、单调性等。尽管函数单调性、奇偶性的概念是由函数图像的上升下降、对称引出来的，但是在教学中，考虑到大部分学生的抽象思维还不成熟，对数学符号语言的理解、应用能力是有限的，因此高中数学教师在刻画函数单调性、奇偶性时，并不能完全依赖图像，还需借助特殊的函数值来比较，引导学生归纳出函数的单调性、奇偶性的概念，所以这里的以数助形还停留在最简单的层面。

此外，函数第二章主要是通过函数图像直观地观察函数的单调性、奇偶性，比较函数值的大小等。但是，在后面的教学中，需要学生掌握利用函数图像的平移去解释函数解析式 $y=f(x)$ 和 $y=f(x+a)$ 之间的关系，然后反过来要求学生通过函数的平移、对称等得到一个较复杂的函数的图像，从而实现以数助形。例如，通过奇偶性绘制 $y=\log_2|x|$ 的图像。在函数与方程的内容中，首先通过函数图像的交点解释函数方程的根的意义，并结合二次函数图像与轴的交点说明判别式的符号和方程根的个数，这一部分也体现了以形助数的思想。需要注意的是，在实际的教学中，为了深化学生对函数与方程关系的理解，教师也可以反过来以形助数，引导学生通过方程根的个数了解函数图像的交点个数，实现初步的以数助形。

综上所述，函数章节的学习，开始主要是应用以形助数，利用函数图像直观地研究函数的性质，但在后续的教学内容中，由于一些复杂的函数的图像学生并不能直接画出来，所以可以借助函数解析式之间的关系，将其联系到基本初等函数上，由基本初等函数的图像的移动、对称得到较复杂的函数的图像，实现以数助形，再借助复杂函数图像，来研究它的性质。

三角函数的基础是几何中的圆和相似形，但主要的研究方法又是代数的，故三角函数内容在数形结合的思想方法应用上十分突出，在几何与代数之间建立了初步的联系。大多数的教材在三角函数章节充分地渗透了数形结合思想。一方面以形助数，突出了几何直观对理解抽象的数学概念、公式的作用。在三角函数及其性质的学习中，充分发挥单位圆、三角函数线的直观作用，借助单位圆，帮助学生认识任意角及其三角函数，理解同角三角函数的关系、三角函数的诱导公式、周期性、图像，并通过角终边间的对称关系研究诱导公式等。另一方面以数助形，借助三角函数的奇偶性、周期性等简化三角函数图像的作用，画出复杂的三角函数的图像。

对于平面向量，一方面，它是几何研究的对象。向量本身就是一种几何图像，或者说是有向的线段，可以表示物体的位置，所以它是几何学的基本研究对象。作为几何学的研究对象，向量有方向，可以刻画直线、平面等几何对象及它们的位置关系。向量有长度，可以刻画长度、面积、体积等几何度量问题。另一方面，向量是代数的研究对象。向量可以进行加、减、数乘、数量积点乘等多种运算，这些运算及其性质使向量成为代数的研究对象。向量作为有向线段，可用来确定位置，但要用向量刻画几何图形的性质，解决几何中的长度、角度等度量问题，只有有向线段是不够的，必须通过向量的代数运算、坐标运算才能实现。例如，利用向量的数乘运算可以刻画平行，利用向量的数量积运算可以刻画垂直、角度、三角函数等。因此，向量集数、形于一身，是数形结合的最好体现。高中数学教材中对向量在数形结合思想上的体现主要应用在从"数"和"形"两个方面定义向量的运算上。

对于解三角形部分，三角形是最基本的几何图形，属于几何的范畴。但是，正弦定理、余弦定理则表示三角形中的边长和角度之间的数量关系，又属于代数范畴。高中数学教材中一般会通过解析法、向量法去证明正弦定理、余弦定理，利用代数方法探讨三角形的边、角、面积之间的关系，体现了数形结合思想。

对于不等式内容，教材通过函数图像建立一元二次不等式及其相应的函数、方程的联系，以形助数，渗透了数形结合思想。对于二元一次不等式组，教材中突出了其几何方面的意义，通过从点与数对的对应、线与方程的对应，到平面区域与不等式组的对应实现逐步的过渡和提升，使学生体会到数形结合法的实质。此外，线性规划内容中，在理解不等式组与平面区域对应关系的基础上，将 $y=kx+b$ 中的 b 理解为直线的截距，$k=\dfrac{y-b}{x-a}$ 理解为点 (x, y) 与点 (a, b) 的斜率，$z=(x-a)^2+(y-b)^2$ 理解为点 (x, y) 与点 (a, b) 之间距离的平方，通过几何意义，借助几何图形求最值。

对于解析几何，它主要通过引进直角坐标系，建立点与坐标、曲线与方程之间的对应关系，将几何问题转化为代数问题，从而用代数方法研究几何问题，充分体现了数形结合的数学思想。

在教材中，运用二元一次方程来表示直线，运用实数对来表示点，将二元一次方程或实数对在直角坐标系中用直线或点来表示，通过方程组来求解直线与直线、直线与圆、圆与圆的交点坐标，通过方程组的判别式的正负情况或者圆心到直线的距离的大小比较来判断直线与圆的位置关系等，这些都体现了数形结合的思想。

此外，不同于函数、线性规划等内容中借助函数图形的直观性来解决代数问题，解析几何中数形结合思想主要侧重于以数助形，借助代数的强大的运算体系来解决几何问题。

对于立体几何，通过分析正棱柱、正棱锥和正棱台的侧面展开图形的内在联系，让学生发现正棱柱、正棱锥和正棱台的侧面积之间的关系，实现以数助形；借助空间直角坐标系，研究空间点到线、面的距离，线线夹角、线面夹角、二面角，线面的垂直、平行关系等，这些都充分体现了数形结合思想。

对于概率内容，数形结合思想主要体现在用维恩图、树状图、图表列出古典概型的所有情况上，借助几何图形的面积、长度、角度计算几何概型中的概率，利用维恩图理解互斥事件和对立事件的关系等。

(二) 信息技术在高中数学教学中的投入

随着社会的不断发展与进步，社会信息化已成为我们的必然选择，作为新时代的教育工作者，加快教学与信息技术的有效融合成为我们当下的主要任务。我国新课程标准明确地提出了国家教育发展战略，即"在全国中小学普及信息技术教育，建立完善的信息技术基础课程体系，优化课程设置，丰富教学内容，提高师资水平，改善教学效果，推广新型教学模式，实现信息技术与教学过程的有机融合，全面推进素质教育信息化发展"。[①]

人们普遍认为数学是训练青少年思维的有力工具，如何使信息技术

① 王丹.加强会计信息系统实践教学的思考 [J] .商业会计，2009（18）：59-60.

在高中数学课堂教学中有效地得以利用，使信息技术与传统教学有机整合就成了教育信息化的关键所在。教育教学资源的建设应用是近年来教育领域关注的又一核心问题，包括传统的和现代的，特别是数字化教学资源的建设、应用与课程整合的深化。目前，在全国范围内的高中数学教学中，传统的教学方式仍然占据主导地位，教师过分注重知识传授，注重结论而忽视学生的自主学习过程。学生的学习均以习惯性的接受和机械的运算为主。数学教与学的弊端日益显现，数学的科学价值也难以得到体现。

在教育改革的当下，现代信息技术更应该成为教师教学以及学生学习数学和解决问题的强有力的工具。根据数学学科特点，通过使学科知识与学生的生活实际结合起来，让学生学会应用以信息技术为平台的多媒体、计算机模拟、三维动画、超媒体等技术，让学生成为新时期数学课堂的主人，这可以使学生的成长更适应当今社会的需求，为学生的工作就业发展奠定扎实的基础。

现代信息技术的深度变革已经带动了人们的思维方式和观念的改变，同时在数学教学中数学的知识结构和课程目标也随之改变。数学教育要使学生具有一定的数学视野，教师要通过带领学生认识数学的科学价值、应用价值和人文价值，使学生体会到数学的美学意义。同时，让学生通过自己不同形式的探究性学习体会到数学知识的发现和创造的历程。这些都是新时期数学新课程标准对我们的要求。而这些目标也是传统课堂所不能做到的。这一切都需要现代信息技术的帮助。在教学过程中，现代信息技术辅助高中数学课堂教学也是这个时代教育理念的一部分。

信息技术辅助高中数学课堂教学，使得高中数学知识以一种新的方式呈现出来，能够让学生通过视觉上的全方位感受更全面、更深入地融入数学知识当中去，同时也使学生在构建数学知识体系的过程中，提高自己的数学素养、信息素养、动手实践能力、创新能力和探索精神。

在信息技术与传统的高中数学课堂逐渐得到有效融合的当下，学生掌握数形结合的可能性也得到了提高。原因如下：

现代信息技术辅助高中数学课堂教学有助于使数学内容更加直观形象。高中数学是一门具有很强的逻辑性、思维性、发散性与实用性的学科，要求学生要有一定的领悟能力和自主探索能力以及利用所学的内容解决实际问题的能力，其知识结构复杂，知识点琐碎，思维能力和运算能力要求比较高，而信息技术能够将高中数学中的知识内容以更加形象直观的方式展现，简化问题的形式，帮助学生抽象出复杂的概念，直观地体现问题的"形"。

信息技术能够将传统课堂上不太容易呈现的数学知识和概念通过更加直观形象的形式展示出来，不仅激发学生的学习兴趣，改变以往传统数学课堂的乏味枯燥的情况，而且在高中数学立体几何方面的教学中，信息技术的应用效果更加明显。借助于多媒体和几何画板，教师能够十分形象生动地将立体几何图形由传统教学的静态转变为动态，从而加深学生的直观印象，提高学生对问题的理解程度，进而使学生在更加便利的环境下实现数与形之间的有效联系或者转化。

同时，信息技术的投入也使得课堂教学效率有了明显的提高，同样有助于学生对数形结合的掌握。在传统的高中数学课堂上，教师往往需要在黑板上板书大量的内容，浪费了不少课堂有效时间，但若不板书只有简单的口头叙述，学生往往无法准确看到知识结构，也没有充分的思考依据，从而给数形结合的渗透带来了阻碍。高中数学内容方面比较多，由于高考的压力，其安排的课时时间又往往不是很充分，所以教师就只能加快速度赶进度，做不到从容不迫，学生的心理状态也会受到影响，到了高考复习时就显出学生基本功不扎实的问题来。通过信息技术，教师就可以在引导学生探究出来一些数学规律、概念、定理和性质之后，利用课件等方式去展示问题中各个因素的动态变化过程和结果，同时还能够让学生看到各个变量带来的影响，使学生观察变与不变的东西，帮助学生抓住问题的本质，从而使学生的认识从直观到抽象，增强学生的数学学习体验，进而促进数形结合在高中数学课堂上的渗透，帮助学生更好地掌握数形结合思想。

三、高中学生掌握数形结合的影响因素

通过对高中数学教学的现状、新课程改革的内容以及当前学生的实际学习情况等进行分析，总结出影响学生掌握数形结合思想的因素，从而使数形结合思想在高中数学教学中得到更加全面的应用。

（一）学习兴趣

兴趣可以激发学生对于学习内容的渴望和喜爱，可以驱使他们自发主动地学习。在日常授课的过程中，教师也可以发现，那些认为数形结合思想很有趣的同学在解决此类问题时表现也更好，对数形结合的内涵与转化方法的认识也更加深刻准确。对数形结合思想感兴趣的同学就会发现数形结合思想在解题方面的魅力，更有意愿去面对掌握数形结合思想的困难。尤其是高中阶段的学生受到高考的影响比较严重，心理压力比较大，如果

学生对某类知识不感兴趣，那么在学习的过程中也只会产生枯燥、乏味的感受，态度比较消极，从而影响学生对数形结合思想的消化吸收。

(二) 教师教学方法

学生在解题过程中最直接的模仿对象就是教师，教师的性格、能力等各个方面都会潜移默化地影响学生。在实际的授课过程中，如果教师有意识地引导学生通过数形结合的思想去解决问题，那么学生也会跟随教师的解题思路，但是如果教师的解题方式只停留在解题层面，忙于归纳各种数形结合的题型，重视结论的产生，却不重视思路的探索过程，就会导致学生只把数形结合当成一种解题工具，没有从思想高度进行把握。另外，大部分教师重视"以形助数"，却忽略了其他方面，从而也会导致学生产生这种倾向。可见，教师对学生数形结合思想的掌握是有很大的影响的。

(三) 学生学习与解题习惯

毫无疑问，学优生与学困生数形结合意识差距会比较明显。这与学优生和学困生的学习习惯、解题习惯不同有很大关系。学优生在课下往往会把蕴含数形结合思想的问题进行归纳整理，找出数与形的结合点，当再次面对类似问题时就能立马联想到之前的做法，实现数形结合思想的成功运用。同时，学优生在解题时习惯于先思考，找到最佳思路之后再动笔，而学困生则经常拿到笔就开始计算，直到计算无法进行下去，才开始想到使用数学思想方法去解决问题，也就是运用数形结合的思想。在解题过程中，学优生元认知策略运用较好，会监控自己的解题过程。另外，学优生不满足于一种解法，当成功解题后，会从另一方面思考问题，久而久之，数形结合的意识便留下了深深的烙印。

第五节　高中学生数形结合的掌握现状

一、案例分析

（一）案例一

教师：你认为什么是"数形结合"？"数形结合"通常用于解决哪些问题？

学生：将一些数学问题用图形来直观地表示出来，通常用于函数、行程等问题的解答。

评：学生的回答在本质上还是把握住了化"数"为"形"的方面的特征，而事实上大部分的高中学生都或多或少地把握住了化"数"为"形"的方面的本质特征，但是却忽视了数形结合的化"形"为"数"的方面。在应用数形结合方法解决数学问题的方面，由于刚进入高一的学生在知识层面上受到了限制，这种回答几乎可以代表了大部分高一学生的看法。特别是对于函数的学习，学生几乎都认识到了数形结合思想在函数学习上的重要性，这说明坐标系的产生背景深入到所有学生的观念中。

教师：你大概是什么时候开始应用"数形结合"解题的？

学生：初中函数的学习。

评：这个回答取自高一学生。这种回答也可以代表大部分学生的观点。然而，事实上，在小学启蒙阶段，学生学习到的，如数，到解应用题，如行程问题、浓度问题、简单几何体等，都用到了数形结合方法，只是学生没有认识到而已。学生狭隘的"数形结合"观的形成主要是因为教材中对于数学思想方法没有提及，学生朦胧的数学思想观主要源于教师的零碎讲授和自身的经验积累，这样就导致了每个学生数学思想方法形成产生的时间有所差别。

教师：谈谈你对"数形结合"解题的体会。

学生：能够更直观地表达复杂的数学问题，而且便于观察事物的变化，但是有时难以想到，作图有时也太复杂，容易出错。

评：学生的回答"更直观地表达复杂的数学问题，而且便于观察事物的变化"在一定程度上指出了数形结合的意义，这也是几乎所有学生应用数形结合法解题时的感受，而"难以想到"也是大部分学生在解决问题上存在的障碍，"作图复杂"因题而异，"容易出错"说明学生也注意到了数形结合法有其局限性。

（二）案例二

教师：你认为什么是"数形结合"？"数形结合"通常用于解决哪些问题？

学生：将抽象的数学问题转化成对应的图形，以图形的方式直观地表现出来，借助于图形的直观来解决数学问题，常常应用于函数、不等式、平面几何、算法等方面。

评：这个回答取自高三学生。学生的回答在文字描述上当然比起高一学生更为准确、全面，但本质上都差不多。作为高三学生，经过高中阶段的学习，在数形结合的应用方面经验更为丰富，所以回答面上更广泛一些也是正常行为。虽然对于什么是"数形结合"教材上没有明确定义过，但是由于其语义通俗，加上学生的应用经验，所以学生基本上能把握住其本质。

教师：你大概是什么时候开始应用"数形结合"解题的？

学生：大概初中时候。

教师：谈谈你对"数形结合"解题的体会。

学生：优点是，可以使题目更加容易解决，准确率也比较高，过程往往也比较简略。缺点是，有时难以想到，思维灵活度要求比较高，难度也比较大。还有就是图形想画准确时太浪费时间，画得粗略时又容易看错（特别是对于数据比较时）。

评：高三学生的回答除了有上述学生对于数形结合解题意义、障碍与局限性的大致相同的感受外，也反映了学生对于作图技巧的理解还是不够。其实，数学作图是根据需要进行"淡妆浓抹"的。也就是说，对于一般定性的性质，大致粗略作出就行了，但精确的性质是需要借助于数进行处理的，也就是数形兼用的模式。

二、高中学生数形结合的掌握现状分析

首先，绝大多数学生对于什么是"数形结合"有所了解，说明这一思想方法已深入广大师生心中，引起了广大师生的关注与重视。对于应用数形结合思想方法解题的适用范围来说，主要认可的是用于解决函数方面的问题，其次是线性规划、向量、集合等方面，主要是这些问题的使用频率高于其他问题。复数的几何意义的淡化也大大影响了学生在这

方面对"数形结合"应用的认识。总体情况来说，高三的学生应用"数形结合"解题范围的广度优于初入高中的学生，特别是对于在数列与复数方面的应用，这也反映了各类学生的解题能力。另外，在功能方面，一般认为只有在解决难题时才用到这一方法，说明对于数形结合思想方法的简化功能认识不足。

其次，有的学生早在小学就对应用数形结合思想方法解题有所体会，大部分学生是在初中才注意到数形结合思想方法，而极少数直到高中才有所认识。一方面是由于学生的基础原因造成了认识早晚的差别，另一方面源于基础教育阶段数学思想的渗透各所学校早晚有所差别。

再者，在实际应用数形结合方法解决问题方面，高三学生的经验更丰富，表现出的应用能力也更强些，得分也更高，这主要得益于他们的基础与应用经验，所以表现出对于"数形结合"的解题优越性更持肯定态度。而高一阶段的学生一般除在函数与图像、解析几何、线性规划、几何概型等明显的涉及数形结合方面的问题外很少用到这一方法，还有由于基本功的差别，在应用时出现错误的概率也高些，导致其对于这种方法本身的优越性的认识也较为消极些。

另外，学生普遍感到应用数形结合解决问题难度很大，主要是对于什么问题要用这种方法将"数"与"形"进行互化感到难以捉摸，而且对基础较差的学生来说也不知道如何转化，他们往往将数形结合这一方法看得很神秘，认为只有在解决很难的问题时才用到，因此表现出对应用这一方法的信心不足。

最后，化"数"为"形"比化"形"为"数"的观念更为深入人心。一般学生片面地认为数形结合方法就是将代数描述转化为对应的图形的直观显示，而忽视了"数"的强大的计算与严密的逻辑推理能力，因而化"形"为"数"的意识更为淡薄。

　　小结：本章节结合当前阶段高中数学教学的实际情况、实际需求以及新课程改革的内容等，对高中数学中的数形结合基本理论展开了一番叙述，主要从高中数学教学的特点、高中数学教学的原则以及高中学生掌握数形结合的必要性、可行性和影响因素等方面进行了叙述。通过理论分析，可以发现数形结合思想在高中数学教学中的渗透是势在必行的，同时也存在着较多的问题。在具体的实施过程中，应当结合具体的理论指导，加强对实践的分析，从而构建出完整的高中数学教学中的数形结合教学体系。

第三章　数形结合的理论基础和
国内外研究

第一节　数形结合的理论基础

一、表征理论

（一）表征理论

表征可以理解为以某种方式来表示其他事物。可以将表征理解为事物本身的一个替代。具体可以理解为外在事物内化为心理意象，或心理意象外化为外在事物的过程。

数学表征较为常见的一种分类则是分为外在表征和内在表征。以数学符号系统、语言、图片、活动、具体物或实际情境等形式存在的表征为外在表征，内在表征则包括个体符号意义建构与匹配、自然语言、解题策略、心像、视觉化表征以及数学情感。结合表征符号的差异，教育心理学将外在表征分为描述性表征和叙述性表征。描述性表征由图像符号组成，比如说图片、图画、数学模型等，叙述性表征由抽象符号组成，比如说口头或书面语言、数学方程式、逻辑表示等。代数表征和几何表征在一定程度上可以看成叙述性表征和描述性表征的典型代表。几何表征是指从几何的角度用图形等几何工具对问题进行表征。比如，椭圆可以用相应的图形表示，从图形中可以看出椭圆的中心、长轴与短轴等几何特性。利用代数工具如符号、式、方程等从代数的角度对数学概念与问题进行表征即为代数表征。比如，椭圆的方程即为椭圆的代数表征，这种表征方式清楚地反映了两个变量的对应关系。对于代数表征和几何表征，二者在数学学习中是相互关联的，将二者有机结合对于数学学习有着积极的意义。

使用表征理论对数形结合思想的内涵进行重新定义，可以知道数形结合中的"数"就是代数表征，是指用代数工具呈现数学问题和数学概念，而数形结合中的"形"则是一种几何表征，用直观的几何工具帮助对数学问题进行分析并揭示抽象的数量关系。使用数形结合思想解决数学问题，往往涉及数学对象各种表征的选择和转换，能否合理地选择表征以及能否成功地进行转换也是数形结合解决问题的关键。

罗新兵以数学表征作为研究视角发现，学生在解决以代数表征和几何表征呈现的问题时，可以构造其他表征，图形表征的呈现方式对学生解题产生了影响，学优生、中等生、学困生均在图形表征缺失的情况下表现得很差[①]。

---

① 罗新兵. 数形结合的解题研究：表征的视角 [D] . 上海：华东师范大学，2005.

金慧芬同样从表征的角度对学生数形结合的能力进行了研究，发现初入高中的学生对不同表征的运用存在差异，在几何问题中代数表征的作用要强于代数问题中几何表征的作用[①]。

伊丽达·伊利亚（Iliada Elia）调查了学生在解决有关函数不同表征的问题时，对函数概念的掌握情况，发现即使学生给出函数正确的定义，但也只有少数学生做到将函数的几何表征转化为代数表征，说明大部分的学生并不擅长不同表征之间的转换，结果也表明学生在不同表征之间的转换是有困难的[②]。

加加特西斯（Gagatsis）研究了学生在解决极限问题时，代数与几何表征之间的转换情况，发现对极限概念有较深理解的学生更容易实现代数表征与几何表征之间的转换，学生由代数表征转换到几何表征以及涉及不熟悉的几何表征的问题上表现得不好，在处理极限问题时学生更倾向于使用代数方法，不同的表征形式还会影响学生的解题表现[③]。

通过对多位学者的研究进行分析表明，学生对同一数学概念不同表征形式的掌握是不熟悉的，在几何表征与代数表征之间的转换存在困难。

数形结合思想本身包含几何和代数两种不同的表征，所以学生在运用数形结合思想时往往需要掌握多重表征。而多重表征则是利用数学对象表征形式的多样性，对其给出多种不同的表征方式。因此，多重表征

① 金慧芬.高一学生基于表征的数形结合能力的调查研究 [D] .上海：华东师范大学，2011.
② 周亚亚.不同认知疲倦状态初中生解决结构不良几何问题的眼动特点及表征策略 [D] .开封：河南大学，2013.
③ 郭肖.基于几何画板培养学生动态解决几何问题能力的实践研究 [D] .西安：陕西师范大学，2016.

的学习对于学生来说是必要的。许多数学内容只通过一种表征方式往往不能完整地对其进行说明，在数学教学中也会强调对数学概念要尽可能地做到代数、几何以及自然语言三个方面的说明，如在高中阶段对于函数概念的描述是集合对应说以及相关函数图像的呈现。所以，多重表征有助于学生从不同的角度理解数学问题包含的关系，促进问题的解决。由此可见，对表征的掌握及转换，有利于数学概念的理解，促进学生在数学方面的发展。许多国家将数学表征以及表征之间的转换看作学生一项重要的数学能力。例如，全美数学教师联合会强调了表征在数学学习中的作用，在各学段均提出了具体的表征形式与要求。2012年德国文化部颁布的教育标准将数学表征列为六大数学能力之一，同时对各学段数学表征能力进行了清晰的界定，并给出了不同的水平表现。

在数学教学中要强调数学概念的多种表征，同时还要指明不同表征之间的联系。而德国高中课标提出的表征能力水平表现为学生数形结合水平的划分提供了依据。因为数形结合思想方法的学习也为学生数学表征能力的获得提供了途径，学生在运用数形结合思想时往往需要掌握同一数学概念的几何与代数表征，同时还要将二者进行沟通以及进行正确的转换。在这一过程中有两种转换模式，有些问题的代数结构和几何图形之间有明显的对应关系，称该类数形结合为表征对应型的数形结合问题，在利用数形结合解决另一类两种表征之间没有明显对应关系的问题时，往往需要学生进行构造，此时称这类数形结合为表征构造型的数形结合问题。

（二）表征对应型

根据学生的认知发展，在有关数形结合内容的学习中，通常最先接触的表征转换模式为表征对应型的问题，即代数表征和几何表征有着明显的对应关系。例如，数轴上的点与实数、直角坐标系中点与坐标、解析几何问题中的曲线与方程的一一对应。这种转换模式对学生来说是相对较为容易的，思维方式主要是逻辑推理。对高中数学学习中一些常见的表征对应型的数学结构进行整理，具体见表 3-1。

表 3-1　常见的表征对应型数学结构

代数表征	几何表征
$(x_1-x_2)^2+(y_1-y_2)^2$	两点 (x_1,y_1)，(x_2,y_2) 之间的距离
$\dfrac{\lvert Ax_0+By_0+C\rvert}{\sqrt{A^2+B^2}}$	平面上点 (x_0,y_0) 到直线 $Ax+By+C=0$ 的距离
A^2 以及 a^3	可与面积、体积互化
$\lvert a-b\rvert<c$	三角形的三边关系
$\dfrac{y-b}{x-a}$	点 (x,y) 与点 (a,b) 两点连线的斜率
$\lvert x_1-x_2\rvert$	数轴上实数 x_1,x_2 之间的距离
$\lvert z_1-z_2\rvert$	复数 z_1,z_2 对应的点之间的距离

把几何表征转化为代数表征的主要方法有坐标法、向量法以及三角法等。三角法通常是指利用三角形的边角关系去求解几何问题。向量法就是用向量表示相关的几何对象，将几何对象变为可运算的向量用以解决夹角、垂直、距离等问题。坐标法又称解析法，多应用于解析几何问题，首先通过坐标系转化为代数问题，经过推理运算，将得到的代数结论再转化为几何结论。

中学数学学习中处处蕴含着数形结合思想，看到代数表征 $x^2\pm y^2$ 可以联系到勾股定理，建立直角三角形，如果含有代数式 $x^2+axy+y^2$，可以联系余弦定理，构建斜三角形。同样地，方程 $f(x)=0$ 的根，可以看作 $y=f(x)$ 图像与 x 轴的交点。表征对应型的数形结合问题中的"形"与"数"

116

有着明显的对应关系，一些常见的表征对应型的数形结合也需要学生掌握记忆。张奠宙先生认为理解是记忆的综合，如果没有记忆，理解也就无从谈起了[①]。将基本的运算和基础的思考转化为"直觉"，从而可以赢得更多的时间，以便进行高层次的数学思维活动。

（三）表征构造型

数学学习中，有些数形结合问题的两种表征之间没有明显的对应关系，往往需要学生根据问题结构以及已知信息构造另一种表征，这类数形结合问题对学生的思维能力有一定的要求。表征构造型的数形结合问题的主要思维模式为创造性类比思维，即利用两个系统本质结构的相似性和性质的相同性进行的直接类比，如代数结构与几何结构之间的类比。但是，表征构造型的数形结合问题并不是无从下手，很多问题可以在变化中求得重复，在重复中获取变化。一般来说，较难的数学问题可以分解为相对基础容易的部分。

（四）从表征理论看数形结合

表征就是揭示、表明，分为内部表征、外部表征。经外部环境刺激，在脑中形成的信息并呈现出来的就是内部表征。外部表征则指的是将外部表现表达出来的方式方法。在表征理论下看数学，它的外部表征则是指传递数学知识或思想时所使用的信息交流媒介，如口头语言、图形和符号等。数形结合思想方法中的"数"即是符号表征，是用数学符号或者文字的叙述来呈现数学问题的，而"形"明显就是图形表征，是用图形来表现笼统的数量关系。数形结合思想方法最主要的两种形式就是以"数"助"形"和以"形"助"数"，所以用这一方法学习或

[①] 张奠宙. 中国数学双基教学 [M]. 上海：上海教育出版社，2006.

者解题的过程就是在进行表征的选择和转化。但是，能否准确地表征是用这样的方法学习或解题的关键。因此，教师在传授知识时，应注意渗透数形结合这一方法，即应从不同的数学对象的表征方面传授知识，使学生理解并吸收所学知识的不同表征，如此就使得数形结合成为可能。

二、信息加工理论

信息加工论将人看成是一台信息处理器，而人的认知发展可以看成是对信息的解码、编码、转换、组合、存储及提取。信息加工系统（人或机器）都需要一定的操作符号，如语言、标记、记号等。在信息加工系统中，符号的功能是代表、标志或指明外部世界的事物。一些符号通过一定的联系形成符号系统，符号系统构建外部事物的内部表征。该理论最终得出学习和行为起源于环境与学生已有知识的相互作用。

在此基础上，著名教育心理学家加涅提出了信息加工学习理论。加涅认为，学习过程就是一个信息加工的过程，即学习者将来自外部环境刺激的信息进行内在的认知加工。学习是学习者神经系统中发生的各种过程的复合。加涅提出了学习过程的基本模式，即信息是从一个假设的结构到另一个假设的过程结构中去的过程，这其中包含三个主要过程：首先，学生通过感受器从环境中接受刺激，感受器将刺激物的物理信息转化为神经信息；其次，将转化的神经信息进入感觉登记，感觉登记存在时间非常短，被感觉登记的信息就进入短时记忆，没有进入的就消失，短时记忆持续二三十秒，存储量有限；最后，在短时记忆里的信息经过反复使用被重新编码进入长时记忆。我们一般认为，长时记忆是永久性的储存库。

加涅又将学习过程划分为八个阶段，分别为：动机阶段、领会阶段、习得阶段、保持阶段、回忆阶段、概括阶段、作业阶段、反馈阶段。同时，他还阐述了每一阶段的主要学习过程和对应的教学事件，使学生内部的学习过程一环接一环，形成一个紧凑的锁链。

数形结合思想方法在高中数学中的应用实质就是"数"和"形"之间的相互转化，是"数"与"形"这两种信息之间的沟通。由此可知，信息加工理论为这种交流的建立提供了一个通道。"数"的信息和"形"的信息相辅相成，共同构成学生学习过程的线索，有助于学生知识技能的获得。同时，加涅的信息加工理论，客观地分析了学生获取信息和提取信息的过程，而高中数学教师进行教学的目的，就是传授给学生数学知识，让学生自身提取信息，转化为内在的素质。因此，这给高中数学教学中数形结合思想的应用提供了可操作性的思路。

三、解题程序理论

本研究的重点是探讨高中数学中的数形结合教学，促使学生形成良好的数形结合意识和数学思想方法应用能力。但是，对教学实践进行分析，可以发现很多学生解题时有点"糊里糊涂"，对于解题的过程没有一个正确的认知。就像华东师范大学鲍建生教授所说："大部分老师只教给学生特殊的解题方法，却缺少一般的解题策略。"① 所以，有必要对科学的解题程序进行综述。

---

① 周超，鲍建生.形成学生高水平数学思维的策略——一线教师之观点 [J] .数学教育学报，2012，21（4）：36-39.

数学解题研究的标志人物——波利亚在学习和任教期间，始终没有忘记他年少时学习数学的困惑。他在 1944 年 8 月出版了《怎样解题》这一著作，其中"怎样解题表"是这本书的精华。波利亚将数学解题过程大致划分为以下四个过程：

第一，弄清问题。弄清问题即审题，是认识问题，并对问题进行表征的过程，是解决问题之前的必要环节。在看到一个新问题时，我们需要先了解问题表述的是什么，进而明了已知是什么，未知是什么，再判断已知条件是否可以推出未知量以及已知是否矛盾、是否多余。对于某些复杂问题和综合性较强的问题，需要增强审题能力，探究隐藏很深的已知条件。

第二，拟定计划。拟定计划是在陌生问题熟悉化的基础上，探索解题思路的发现过程，也是一个化归的过程。波利亚认为应该分两步走，首先尝试找出已知条件与未知条件之间的直接联系，如若失败，就需要引入辅助问题来对问题进行必要的变更和修改。为此，波利亚又进一步提出建议：从以往积累的经验和模型中找到类似的问题并加以运用；重新表述问题；回到定义；如果解决不了全部问题，那就解决问题的一部分或者一个更为特殊的问题。

第三，实现计划。实现计划为四个步骤的主体步骤，是计划制订后具体实施信息资源的逻辑配置过程。我们需要运用所掌握的知识、方法以及具备的逻辑思维能力、空间想象能力、运算能力等数学能力来执行拟定的计划，并且需要保证每一步的准确性，最好能说出所写的每一步的理由。

第四，解题回顾。回顾是一个比较容易被遗忘的步骤，这要求我们在解决问题以后再回过头去检验所得步骤与结论的准确性，这个看似不起眼的步骤往往是整个过程的"升华"，对培养学生的严谨性、批判性、创新性有重要意义。在回顾的过程中，首先需要重新分析解题步骤的由来，并且思考能否有更好的方法来替代；其次，需要思考能否在别的题目中利用这个结果或方法；最后，会学习的人会自主地去尝试"自己难为自己"，即自己改编这类习题。如果学生可以改编这类问题，那么自然说明他们对问题已经有了较深的领悟。

波利亚的解题系统是解题理论的集大成者，对解题过程解剖得淋漓尽致，并且已经涉及心理层次。波利亚解题表中的大量问句或建议都是对自己的提问，这是解题者的自我反思，属于元认知提问。高中数学教师在引导学生解题时，必须遵循这四个步骤。

另外，美国数学家肖恩菲尔德（Schoenfeld）是继波利亚之后，在问题解决领域的重要人物。他研究发现，元认知因素在问题解决中居于关键地位，并且依据元认知的观点，将解题过程分为读题、分析、探索、计划、执行、验证六个阶段。以下为具体的解说：

第一，分析阶段需要了解题目要表达什么意思，要求是什么。在分析阶段最常用的策略是简述问题，画出图表，这时判断拿走原题是否仍能解题，即让解题者明白是否真的将题目条件全部看清，接着试图去简化问题，如固定其中一些变量或者先考虑特殊情况。

第二是计划，计划是一种"主控机制"，应该贯穿于整个解题过程，主要作用是保证每一个进行的步骤都是有益的。

第三阶段的探究是问题解决的核心，是完成主要活动的阶段。该阶段的第一步是利用等价条件替换题目条件或结论，接着尝试分解问题，缩小研究范围。第二步是在已知条件的基础上，增加条件，以解决一个比较容易的相关问题。当然，也可以减少条件来解决一个更为一般的问题。第三步是遇到困境时，联系到一个条件或者结论相似的已解决的问题。

第四阶段的实施是问题解决的最后阶段，当第三阶段将问题简化后，只需要运用所掌握的数学知识与具备的数学能力执行即可。

最后的回顾和波利亚的解题回顾步骤相同，不再赘述。

可以看出肖恩菲尔德的解题程序是在波利亚的基础上发扬光大的，并且已经得到数学教育界的广泛认可。他们的解题步骤中都体现了化归思想，也都从元认知角度来审视整个解题过程。教师在进行解题教学时一定要按照这些步骤，充分发挥学生的自主性和自我诘问能力，从而提高思维能力和解题能力。

四、深度学习理论

深度学习的概念是由马顿（Marton）和罗杰（Roger）共同提出的，二人于 1976 年在《学习的本质区别：过程与结果》这一著作当中首次提到了深度学习与浅层学习的概念，让深度学习进入了教育界的视野，也给教育领域带来了巨大的改变。

深度学习是一种有意义的学习，是指在教师的指导下，学生围绕具有挑战性的数学主题进行自主的探究，从而使自己的全身心获得发展。深度学习与浅层学习是相对应的，不同于一般的浅层学习，学习者需要在理解数学知识的基础上进一步关注应用、分析、评价与创造层面的高阶思维，它的目标指向学生核心素养的发展。

曲阜师范大学的康淑敏教授认为，学习数学除了掌握运算法则、计算技巧与基本的数理知识外，更重要的是掌握学科的思想和基础知识的理论素养[①]。而深度学习正是学习者对所学知识追本溯源，深入探究知识背后的思想方法的理性探索过程。因此，深度学习理论符合新课标提出的理念与要求，该学习方法对培养学生的核心素养与解题能力有积极意义。

与此同时，限于教学压力、教师水平等实际因素影响，接受性学习依旧在高中教学中大行其道，于是"一听就会，一做就错，一过就忘，一考就晕"的情况在大部分学生身上经常出现，这是学生没有深刻认识到数学知识背后的思想，没有与数学思想发生"灵魂交流"的缘故，机械学习所掌握的知识始终不是自己的。如何让学生的学习变成深度学习是一线教师需要思考与探索的问题。

在这样的背景下，让学生展开深度学习，领会数学问题背后的数学思想方法就显得十分有必要。而数形结合思想作为高中阶段数学思想方法的重要组成，更是需要教师的充足重视，从而使学生达到深度的学习。

五、建构主义学习观

从建构主义的角度来看，知识具有一定的内涵和心理外延（即主观应用）以及逻辑外延（即潜在应用），知识的含义要通过知识的应用来理解。学习迁移是在新条件下重新建构知识，这种建构联系了知识意义与应用范围两个方面，而知识应用范围总是与内容、活动及情境联系在

---

① 康淑敏.基于学科素养培育的深度学习研究 [J]. 教育研究，2016，37（7）：111-118.

一起。为了促进学生应用知识的能力，建构主义强调在教学时让学生在各种实际情境中从多个角度反复应用知识。因此，学习迁移就转变为在新条件下的进一步学习、深化理解以及应用范围的扩充。它启示我们在教学过程中，既要引导学生积极主动地解决新旧知识之间的冲突，又要引导学生及时地对知识进行总结；既要注重练习方法的多样性和练习内容的变通性，又要使知识与一定的情境联系起来。建构主义学习迁移观源于建构主义理论，理论意义和现实意义不言而喻。

（一）建构主义学习迁移观

传统的学习迁移观是人们关注这样的一个目标，即在完成某项任务或在某情境下得到的知识被应用于另外的任务或另外的情境中，从中可以看出学习和应用是被分开的，这不符合建构主义理论。根据建构主义理论，不论是在学习情境中还是在应用情境中都应存在建构，建构的过程对这两种情境下的学习都存在着影响。在 1978 年，以皮亚杰的理论体系为基础，梅斯纳（H.Messner）提出了建构主义的学习迁移概念，将学习认同为认知结构的建构，将迁移认同为认知结构的重新建构。他认为，结构的形式是否改变和学习的条件是否更新是影响认知结构的重新建构的两个因素。他区分了四种类型的重新建构迁移的分类，见表 3-2。

表 3-2　迁移的分类

	在熟悉的环境下	在新环境下
以未改变的形式	复制	应用（迁移）
以改变的形式	转换	应用（迁移）

（二）建构主义学习迁移机制

建构主义学习迁移机制是建立在"知识是学习者主动建构的"这个

基本观点上，而且还与学习者知识的应用和对学习情境的理解紧密相关。知识是"情境化"的，情境影响了学习者对知识的新应用，而迁移则是由各种不同的情境决定的。

第一，意义与应用密不可分。杜威说过："概念是因为使用它而具有普遍性，并不是因为它本身有普遍性，如果人们知道了概念的意义，它就会成为一种加深理解的手段，随着意义的确定，其内容也会被扩大，其普遍性是用来理解新事物，并不是组成概念的那些成分。"[①] 因应用的需求而产生的知识，其理解也只能在应用中产生，所以用法和意义是不可分割的。建构知识与建构知识应用范围相联系，知识应用的灵活性是由知识的抽象水平和应用范围一同决定的。如果知识是通过应用而被抽象出来的，则这种知识就能被灵活应用。

第二，情境性认知与知识的应用之间的关系。建构主义学习迁移观反映在情境化或情境性的认知上，帮助人们重新理解了学习过程及应用过程等问题，特别强调了情境的作用。对于情境的定义，不同的人有不同的理解，有人使用 context，有人使用 situation，不过从这两个词的解释上可以看出，它们的意思是差不多的。比如，拉维（Lave）认为，我们所说的情境是针对社会情境、制度上的情境或文化上的情境来说的。她认为传统的迁移观忽视了情境，忽视了情境和内容之间的差异。肖恩菲尔德也说学习者在学习中不只是学到了策略，还了解到了每个策略的应用条件[②]。

---

① 张梅.杜威的经验概念 [D].上海：复旦大学，2008.

② 赫艳，张晓荣.论情境认知与学习理论的学习迁移观 [J].武汉冶金管理干部学院学报，2018，28（1）：52-54.

格林诺（Greeno）认为，学习能被认为是情境性的，是学习者适应学习所发生情境的特征的过程，知识是以各种方式与其他人相互影响的能力，这种能力的增长就是学习，理解学习迁移就是要理解个体参加某一情境下的活动是怎样影响他参加另一情境下的活动的能力[①]。知识所反映的是学生与社会情境之间的联系，所以学习知识需要具体情境。理解知识的意义就是理解知识的应用，所以知识的意义情境主要指的是其使用情境。

（三）建构主义学习观下的高中数学数形结合教学

根据建构主义的观点可知，知识的建构与情境不可分割，在教学中要思考如何建构灵活的知识应用。为此，有人提出了以下三种教学模式：

第一种模式：抛锚式教学。布兰斯弗德等人强调条件性知识的重要性，提出了"抛锚式教学"，这种理论主要是给学生提供界定了知识应用范围的真实的问题情境，来发展学生对知识的应用。它的教学策略：其一，创设实际的问题情境，激发学生的积极性，让学生的学习在一定的情境之中进行；其二，为了明确潜在与非潜在知识的使用情境，需要促进学生对知识使用情境的理解；其三，为了提取灵活的知识和扩展知识的应用范围，要使学生从多个角度观察学习的主题；其四，要做一定程度的去情境化。

第二种模式：认知学徒式教学。认知学徒式教学理论是由柯林斯提出的。为了发展学习者的应用知识，柯林斯等人认为，可以让学习者像

[①] 高文. 情境学习的关键特征及其对多媒体教学设计的启示 [J]. 外国教育资料，1997（6）：59-62.

社会中的徒弟和师傅一样在实际环境中学习，这样可以将启发式策略等认知过程融合起来。该教学模式的重要特点：其一，向学生提供在具体情境中可用的知识，同时确保学生对知识的应用不能局限于一种学习情境中，要让学生在复杂性和多样性不断增加的学习环境中反复地学习；其二，引导学生发现一种整体框架来融合情境性经验；其三，多次变化观察的角度。

第三种模式：认知灵活性理论。美国学者斯皮罗等人提出的认知灵活性理论重点在于发展学习者应用能力的灵活性，他们所关注的焦点是建构出来的知识是否能被应用于新问题。认知灵活性理论重点关注对较高层次知识的建构，要求学习者能够通过复杂的问题情境建构出灵活的知识。因此，这一理论的教学原则是，教学过程中要多次地互相接近知识，要在不同时间、不同情境中，带着不同目的，从不同的角度，重复经历同一个材料。

丰富经典的建构主义理论的代表人物是皮亚杰，他认为学习应该是学生积极主动地在自己原有的知识基础上建构新的知识，而不是任务式地把知识从教师的头脑中记到自己的笔记本上。而且，教学的其中一个目的是让学生获得新知识，而学生学习的效果与教师的教有关，但最重要的还是要看学生自身的学，教师更多的只是引导和帮助学生学习。建构主义理论应用到数学学习上，则不能将数学知识的学习仅仅视为是基于教师所讲授的内容被动地、死板地和机械地识记学习，而应是基于已经掌握的原有的经验和知识，实施主动的建构活动。任何人的主动性学习都源于兴趣，有了兴趣才能产生学习的动机。而高中的数学内容相比较初中或者小学来说，数学课程多以抽象内容为主。所以，教师在传授知识时，更应该注重传授数学思想方法。学生只有理解了数学思想方法，才能体会到数学内容最基础、最根本的东西，这样他们就不会觉得高中数学抽象难懂了。

数形结合的思想方法，是将抽象思维与形象思维巧妙地进行有机的结合，能将复杂的问题简单化，抽象的思维具体化，从而激发学生的学习兴趣，增强学生学习的信心，更能深化学生的思维，调动学生主动学习的积极性，进而有利于学生实施主动性学习。

六、多元智能理论

（一）什么是智能

按照传统的测试心理学观点，智能的定义应该是解答智力测验试题的能力。加德纳认为，智能是一种计算能力，即处理特定信息的能力，这种能力源自人类生物心理的本能。人类与计算机在智能方面表现出的区别为，人类用来解决问题和创造各种产品的能力被称为智能。比如，构思一部小说的过程和结局，下棋时决定下一步怎么走或是修理家具等。多元智能理论就是按照生物在解决每一个问题时本能的技巧而形成的。

（二）多元智能理论

一门全方位研究生命的科学，如智能研究，必须对人类智能的特征和种类做出恰当的解释。在人的成长过程中，特别是在出生后的前几个月中，智能存在很大的可塑性和灵活性，就像俗话说的那样——"三岁看老"。尽管如此，这种可塑性还是受到强烈的遗传制约。因此，教师以及其他教育学者在教育方面的努力，必须建立在对学生相应的智能倾向及其最大限度的适应性和可塑性的基础上。

1953 年，生物遗传学家詹姆斯·沃森和实验物理学家弗朗西斯克·里克一起发现了人类遗传基因的双螺旋结构，也因此一同获得了诺贝尔生理学或医学奖。通过遗传学的研究，可以确定基因型（由父母的遗传所决定的生物体的组成）和表现型（在特别指定的环境中生物体表现出来的可以观察获得的特点）两者之间的异同，这是对所有人类个体的行为及其智能轮廓进行探索的基本依据。另外，对于变异的观点也要承认，因为父母中每一位均贡献了无数的基因，这些基因有无数的组合方式，故而造就了任何两个人都不会过分地相像（除同卵双胞胎），也造就了任何两个人都会表现出不同的智能轮廓。用俗话来讲，就是"龙生九子，各有不同"。

除了遗传学提供的依据外，从神经生物学（含神经解剖学、神经生理学、神经心理学）的视角，科学家们发现了生物体从幼体开始发展的过程中，起到至关重要影响的有两个因素，那就是规定性和可塑性。规定性对确保大多数生物体正常实现其物种的功能起到了决定性的作用，可塑性则兼顾到生物体对环境改变甚至是有机体受伤时的适应性。比如，有个人耳朵聋了，但是他的大脑中的语言区域仍旧可以工作，于是他自然会学习手语来和别人沟通。在神经生物学发现的基础上，揭示了人类智能可能存在各种"天然种类"的情况，即多元智能存在的依据。另外，人类不可能将文化因素和智能彻底分离，文化的介入使我们从不同方面研究智能的发展和执行。比如，发现社会所重视的角色，人对掌握某种专业技能的渴望。又比如，发现个体表现出的杰出天赋、学习受阻或障碍的特别区域。还有当教育介入后，人们期望技能转换的种类等。

加德纳认为，某种智能之所以成为智能，其先决条件是："一种人类的智能，必定会伴随着一组解决问题的能力，使人能够解决自己所遇到的实际问题或困难；如果需要的话，还能够使人创造出有效的产品；伴随着的还有调动人的潜能以发现或提出问题，从而为掌握新的知识打下基础。"[①] 加德纳还提出了智力选择系统的 8 个依据：一是从大脑损伤看到的潜能独立性；二是白痴天才、超常儿童及其他异常个体的存在；三是可加以识别的核心运算或一组运算；四是有独特的发展史和可定义的一组高水平的最终状态；五是有一个进化史和进化的可塑性；六是来自实验心理研究的证据；七是来自心理测量学的证据；八是对符号系统编码的敏感性。

（三）八又二分之一智能

在验证了多元智能存在的基础上，加德纳对智能的特性进行思考，根据很多案例和传记，确立了对人的生长发育起决定作用的某些智能，并且说明了这些智能总是以组合的方式对人的成长产生作用。

1. 语言智能

语言智能指有效地运用书面语言和口头语言的能力，也可以说是听、说、读、写能力，表现为个体可以顺利而高效率地通过某种语言去描述事件、表述思想或者与人交流沟通的能力。语言智能在律师、教师、作家、编辑、演员、演说家、节目主持人、记者、播音员等职业当中有特别出色的表现。例如，即使没有接受专业语言训练的聋哑儿童，也会发明与人交流的手语并认真使用大脑中一个特定的区域——"布洛

[①] 李星辉.问题解决中的认知策略与多元智能——由一道智力题的解决过程引出的思考 [J] .基础教育研究，2002（9）：25-28.

卡区"，它负责产生合乎语法的句子。

2. 音乐智能

人在音乐技艺方面的能力称为音乐智能。音乐智能常体现于演奏乐器、乐器制作、作曲和唱歌等相关职业方面。世界著名的小提琴家耶胡迪·梅纽因在 3 岁时，被双亲带去欣赏旧金山交响乐的表演，当听到路易斯·帕辛格精彩绝伦的小提琴音乐演奏时，被深深地打动了，于是他向父母强烈要求两个生日礼物，即一把小提琴和请帕辛格当他的教师。后来，小梅纽因在 10 岁时就成为世界知名的小提琴家。

3. 逻辑−数学智能

逻辑推理和应用数字的能力，或者科学思维即逻辑−数学智能。从事与数字相关的工作人员尤其需要这种智能，他们学习研究时依靠推理来思考，热心于提出问题并通过实验寻求论证，把寻找事物的规律和逻辑顺序当作乐趣，也对科学的新发展情有独钟。例如，"数学王子"——约翰·卡尔·弗里德里希·高斯在小学低年级时就懂得用倒序求和法求整数从 1 加到 100 的方法。逻辑−数学智能不仅存在于大脑特定部位，而且对人的成长有很重要的作用。经科学研究表明，位于太阳穴的语言区域对于逻辑推理起关键作用，而位于顶骨前叶的视觉空间区域，则掌控着数字计算的功能。

4. 空间智能

人对空间和空间中包含的各种内容的辨别与理解的能力即空间智能，含形象和抽象两类。形象的空间智能为画家、服装设计师、航海家、司机等的特长，几何学家拥有较好的抽象空间智能，装潢工程师、园林设计专家和建筑工程师的形象和抽象空间智能都很出色。位于太平洋西部的加罗林群岛的土著居民在航海时只靠自己的智慧，通过对星座和岛屿以及气候特点、海水的颜色进行分析，在没有仪器情况下，却可以实现较为精确的定位，这是人们具有空间智能的有力体现。又比如，有的棋类爱好者可以下"盲棋"（没有棋盘和棋子，用记忆和说话的方式下棋），有的人则可以设置出很魔幻多彩的视觉艺术，这些都是空间智能的实际运用。

5. 身体-动觉智能

身体-动觉智能指擅长运用身体来表达观点和感觉，或者运用双手高效地创造、制造甚至是生产某种事物的能力。身体-动觉智能比较发达的人都有不喜欢长时间坐着的习惯，比较乐于利用自己的双手去研发新鲜的事物，或者热爱户外活动和体育运动。当这类人与他人谈话时，则往往倾向于用手势或其他肢体语言来辅助说明；当他们学习时，也经常倾向于透过身体的感觉来思考。各种体育项目的运动员、魔术师、杂技小丑、舞蹈家、演员、外科医生、手艺人等在这种智能上都很有优势。

6. 人际智能

人际智能指能够轻松有效地理解别人及其关系，并且和谐地和各种人交往的能力，这种智能包括三大要素：首先是组织活动的能力，包含群体动员和协调的能力；其次是协商能力，指仲裁进而排解纷争的能力；最后是辨析能力，即能够敏锐地察知其他人的情感意向与观点，并且善于与他人建立亲密关系的能力。人际智能好的人能留意自己与其他人、其他人与其他人之间的差异，并且善于观察他人的情绪、性格、动机和意向，然后向大脑报告相关的信息。

7. 自我认知智能

人对自我内心思想的理解、认知和掌控能力即自我认知智能。自我认知智能含事件和价值两个层次。事件层次的自我认知能够帮助人们总结成功经验，反思失败的教训，而价值层次的自我认知则将事件的成败和价值观联系起来进行比较和审视。

8. 自然观察者智能

自然观察者智能是人能认识动植物以及其他自然环境（如山水、天气、温度等）的能力。自然观察者智能强的人，在向导、狩猎、耕作和生物科学上的表现较为突出。曾经有这样一个笑话：生物课上，教师要求一个学生通过鸟的爪子辨别鸟的名称，某学生回答不上来，教师问此学生的名字，这时学生伸出脚，对教师说："你看看我的脚不就知道了吗?"虽然是一个笑话，但是确实有人强到可以在短时间内区分出 101只斑点狗。

9. 存在智能

存在智能是指人们表现出对生命、死亡以及终极现实提出问题，进而思索这些问题倾向性的智能。根据智能的判断经验，"存在智能"非常符合智能的定义，如孔孟之道等哲学家、宗教领导人、杰出的政治家的思想等，他们使存在智能得以在一定程度上实现具体化，而在宗教、哲学、艺术、民间故事、闲聊的话题和每日的生活中，只要是允许发问的场所，总有一些关于存在的问题，如小孩问是否有神仙和鬼怪的存在等，但是至今没有任何证据表明，大脑有相关的部位可以运作这种和哲学思考有关的智能。所以，存在智能只能暂时算作二分之一智能。

（四）多元智能下的高中数学数形结合思想

多元智能理论给高中数学教学带来了启示：每个学生都有其智能优势区域，都有自己独特的学习方式。比如，有的学生比较喜欢推理，有的学生非常擅长作图，等等。因此，在高中数学教学过程中，教师应对所讲授的知识进行多角度、多层次的讲解，从而满足学生不同智能的发展需求，使学生可以在自己擅长的领域更有效地学习知识，发展学生的创造性思维。另外，多维度的教学有利于培养学生的多重智能，从而使学生的智能得到全面的发展和提高，这正是素质教育落实的要求。

数形结合思想方法的教学很好地诠释了这一理论，避免了教师总是以抽象的方式去展开数学教学活动，而是能够结合"形"的简明直观的特点，激发学生对数学的学习兴趣，让形象思维促进抽象思维，反过来再用抽象思维加强形象思维的准确性。"由数到形，由形到数，数形互助"的过程，既离不开数理逻辑智能，也离不开观察、比较、空间想象、创造、反思等能力，是多种智能综合运用的过程。

七、人本主义教育理论

（一）人本主义教育理论的渊源

第二次世界大战以后，各国都比较重视科技知识及智力教育。这种趋势的弊端就是严重忽视了对学生的人文教育。尤其是在美国，自从1958 年"国防教育法案"颁布以后，重认知、轻人文的教育趋势越来越严重，学生的情感、态度、价值、个性被教师以及社会环境严重忽视。人本主义教育者古德莱德指出："通常学校已无法促进人的创造潜能，也无法获取伟大的观念，更无法将这些观念、潜能与现代环境联系起来。"① 与此同时，美国的社会矛盾也在急速加剧，学生强烈要求参加民主运动，希望能够获得权力，争取自己的自由等。人本主义教育家此时站出来大声疾呼，学校应该适应社会的变化，顺应学生的需求，把学生的认知能力和实际情感结合起来，给予人文素养和自然科学同等的重视程度。由此，美国的教育从20世纪60年代的"重智主义"转向了70年代以后的"人本主义"。

人本主义教育思想源远流长，庞博繁杂。它以人本主义哲学思想为基础，融合了人本主义心理学的主要观点，重视人的情感、价值及尊严，认为教育的目的在于促进学生的自我实现。西方古典人本主义的代表人物是苏格拉底、柏拉图，到裴斯泰洛齐和赫尔巴特时期达到了顶峰。苏格拉底认为，教育的首要任务就是培养人的道德，让学生在教育的正确引导下学会做人。柏拉图主张促进学生身心的和谐发展，将对学生的心灵教育和体育教育结合在一起。夸美纽斯重视德育，强调启发诱导的教学方法。

在我国，古代教育学家孔子提出了"仁者，爱人"的主张，并提出启发诱导、因材施教等与人本主义观点密切相连的教学方法，充分地尊重了学生个性特点，体现了以人为本的理念。孟子提出"性善论"，认为人的本性是善良的，教育的目的就是充分发挥人善良的本性。总之，古典人本主义认为，人的本质是善良的，教育就是发挥人善良的本性，促进其全面发展。

现代人本主义教育思想是一个多流派的概念。从广义上来讲，包括进步主义、要素主义等教育思潮以及马斯洛、罗杰斯所提出的人本主义

---

① 沈正元.浅论西方现代人本主义教育思想及其给我们的启示 [J] .外国中小学教育，2002 (5)：36-40.

教育思想。从狭义上来讲，现代人本主义教育继承了文艺复兴时期的人文主义精神，是 20 世纪 60 年代、70 年代盛行于美国的一种教育思想，其核心思想是"以人为本"，高度重视人的价值，注重在教育过程中人的个性及潜能的发展。孔曼斯提出教育就是要培养人性化的人，即自我实现者。罗杰斯提出了意义学习理论，建立了以学生发展为中心的教育模式。总之，现代人本主义教育思想认为应该把学生放在首位，一切教学活动都应该以学生为本，体现学生的主体地位，同时建立和谐平等的师生关系，关注学生在学习中情感、动机、兴趣的发展，以促进学生个性的发展、潜能的开发，以及学生的全面发展，让学生在愉悦的心理体验过程中实现人的潜能的最大化发展，即人的自我实现。

因此，以人本主义教育理念为基础，教师在组织教学内容、确定教学形式、选择教学方法与手段、安排教学活动步骤中都应该以学生为中心，以学生的发展为根本，以学生愉悦的情感体验为手段，让学生在学到知识技能的同时，感受到情感教育，开发创造潜能，培养完善的人格，具备丰满的人性，最终成为一个全面发展的人。

（二）人本主义教育理论的主要观点

人本主义教育理论是人本主义思想在教育领域的体现，它立足于传统的人本主义哲学理论，以人本主义心理学为基础。人本主义教育观源于长期的心理治疗实践和临床经验，是人本主义心理学在实际中的具体应用，注重人的尊严、价值及情感的发展，认为人是自我实现者。人本主义教育观主要包括教育目的观、教学观、师生观和评价观。

人本主义教育目的观认为，教育不仅要传授科学知识，掌握技能，更重要的是培养受教育者的学习能力，使他们学会学习，培养其创新能力，挖掘其创造潜能，培养独特的个性，最终形成其健全的人格，促进其全面发展，充分实现其自身潜能及价值，达到"自我实现"的最终教育目标。

人本主义教学观的基础是其学习观。教师的教学应该以学生为中心，充分考虑学生的学习动机、情感、需求、兴趣、潜能等内在因素，注重教学过程中认知与情感相结合，实现学生在学习中的主体性，教师的角色只是引导者、组织者、帮助者和促进者。

人本主义师生观强调教师要真正做到关心学生，尊重学生的情感，营造和谐融洽的师生关系，让学生在愉悦的氛围中学习。和谐平等的师生关系更有利于学生健全人格的形成，促进其个性化发展和全面发展，达到自我实现。

人本主义评价观认为，过去以分数或等级为标准的评价方式存在很多弊端，导致很多教师忽视学生学习过程中的态度、动机、努力等因素，只注重成绩而忽视学生作为"整体的人"的全面发展。而学生也"分分必争"，忽视自身其他方面素质的发展需求，沦为了分数的"奴隶"。人本主义评价观主张对学生进行内部评价，即学生的自我评价。学生通过对自己的动机、态度、兴趣、能力、努力程度、取得的发展等进行评价，调整学习策略，促进自我发展。自我评价的主体只能是学生自己，而不能是教师或者其他人。

（三）人本主义教育理论与数形结合思想

数形结合思想渗透的教学设计作为新课程改革背景下高中数学课堂教学的必要补充和教学过程的重要环节，同样应该体现人本主义教育的理念。人本主义教育视角下关于数形结合思想的研究并不多。结合教学的实际需求，教师可以通过设计亲子互动型、小组合作型以及自主创新型三种新型教学方式，更好地促进学生在数形结合思想上的发展。

郭春在进行高效轻负的作业构想时，结合人本主义教育理论，提出数学作业的设计应该做到精选题目，分层作业，自编题目，巧用变式。而数形结合思想的应用在一定程度上能够简化学生的学习过程，帮助学生更加高效地解决问题，这需要得到高中数学教师的足够重视[①]。

第二节　数形结合的国内外研究

一、国外数形结合思想研究概况

国外对数形结合思想的研究很多，美国数学家克莱因的《古今数学思想》，美籍匈牙利数学家波利亚的《怎样解题》《数学与猜想》《数学的发现》等三部历史性著作都闪烁着数形结合思想的光环。欧几里得的《几何原本》用几何的观点来解决代数问题，毕德哥拉斯学派在研究"数"时用砂砾代替，这些无不显示出数形结合思想的魅力。笛卡儿建立的坐标系更是将数形结合思想的运用进一步扩大化。

近代以来，数形结合思想的研究更加广泛。例如，心理学家克鲁切茨基根据大量实验材料，研究了中学生数学能力的特质和结构，以及他

---

① 郭春.人本主义教学观下高效轻负作业的构想 [J] . 高中数学教与学，2012（6）：7-10.

们在问题解决中的心理特征，也研究了影响学生能力的诸多因素问题，指出了"数是对形的量化，形是对数的直观"。20 世纪 60 年代起，荷兰的数学教育工作者们意识到数形结合思想在数学教育教学中的作用，于是将数形结合思想纳入数学教育的研究。美国教育部明确地将"学会数学思想方法"作为美国中小学生"有数学素养"的标志。在俄罗斯，培养学生的数学思想方法是学生数学教育的三个基本任务之一，数形结合思想的渗透是数学教学中重要的一点。

二、国内数形结合思想研究概况

国内对数形结合思想的研究有很多，主要集中在数形结合思想在解题中的应用、在教学中的应用、在函数中的应用以及对学生"数形结合"能力的研究等四个方面。

（一）数形结合思想在教学中的应用

顾亚萍在《数形结合思想方法之教学研究》一文中通过具体介绍数形结合思想的发展史以及其在中学数学中的作用，探究出一些在教学中渗透数形结合思想的具体途径。

寿燕青认为，学生只有在长期的数学实践活动中反复地运用数形结合思想，才能将之内化为个体的"经验"和"习惯"[1]，其还从教学的角度提出教师需在函数、方程、不等式、复数以及解析几何等五个方面不断地渗透数形结合思想。

曾国光在《中学生函数概念认知发展研究》一文中，以问卷的形式

---

[1] 王博.分析数形结合思想在高中数学解题中的应用 [J] .课程教育研究，2017，000（007）：132–133.

调查了初三、高一和高二这三个年级的学生，主要考查他们函数概念的认知过程以及运用情况。通过分析和推理，其将学生对函数概念的认知发展分为三个阶段，分别是作为"算式"的函数、作为"变化过程"的函数以及作为"对应关系"的函数。

（二）数形结合思想在解题中的应用

叶立军在他的《数学方法论》一书中运用实例具体指出数形结合在一些题目的应用，如解方程与解不等式、求函数的最值和值域问题等。

汪一敏在《数学思维与解题基础》一书中指出："数形结合就是从数学全系思维的角度看数学解题，解题的实质其实就是连通从条件到结论的信息链。""数的问题辅之于形或形的问题辅之于数，即数形结合，其目的就是获得更多的解题信息，使数形结合相得益彰。"[①]

（三）数形结合思想在函数中的应用

数形结合思想在函数中的应用主要集中于数形结合思想在函数中应用时遵循的原则、数形结合思想在函数中的应用价值以及解题误区等方面。

在数形结合思想在函数中应用时遵循的原则中，李娟认为"想要借用数形结合有效解决函数教学，以及学习中遇到的问题，同样需要遵循等价性原则、双方性原则和简单性原则"[②]。她认为，在解题的过程中需将函数的几何性质和图像性质转化等价，否则会遗漏信息，造成错误[③]。同时还要注意在解题的过程中，数形结合思想的应用是能使题目变得更

---

① 李玉梅.数形结合思想在解题中的作用 [J] .考试（中考版），2010（3）.

② 谷信根.巧用函数图像和性质解题 [J] .学苑教育，2013，000（16）：15-15.

③ 谷信根.巧用函数图像和性质解题 [J] .学苑教育，2013，000（16）：15-15.

为简单，实现题目的有效转化。

朱立明、王久成、王晓辉等认为，"在'数'与'形'相互转化的过程中，需要遵循切忌生搬硬套、以偏概全，切忌断章取义、转化失误，以及切忌作图失误、无中生有等原则"①。

对于数形结合思想在函数中的应用价值，李娟认为数形结合思想在解决函数问题时有诸多好处，如数形结合可帮助学生深入理解函数的意义；通过数形结合可以清楚认识函数量与量之间的关系；借助数形结合可快速比较出函数值的大小等。她认为，在函数问题中应用数形结合思想是将抽象的数学语言与直观的图像有效结合起来，从而提高学生的解题效率②。胡光启认为："数形结合的主要方式是将数量关系和图形之间不断地变化，数形结合是数学信息的转换。数量的抽象性质说明了数据的形象美，而图像的性质说明了数量的表现，是数形结合的方式。"③

这些都很好地体现了数形结合思想的价值。对于运用数形结合思想解决函数问题时出现的误区，诸多学者认为出现的误区都有一定的共同点，如"数"与"形"转换不等价，遗漏题目信息；作图不精确导致错误等。

数形结合思想能够帮助学生将抽象的数学语言和直观的图形结合起来，找出问题的突破点，迅速解题。然而，学生在运用过程中总会出现失误，在"形"转"数"时，会遗漏图像的细小信息。

例如，在一次函数和反比例函数的综合运用中，会遗漏反比例函数

---

① 朱立明，王久成，王晓辉.巧用数形结合思想 解决中学数学难题 [J] .中国数学教育，2011（Z2）.

② 解正发.例谈数形结合思想在高中数学解题中的应用 [J] .数理化解题研究（高中版），2015（6）：27-27.

③ 肖成华.应用数形结合的思想方法，将代数问题与图形结合 [J] .当代教育，2015（4）：166-166.

是两条双曲线；在求解两个函数值的大小比较时，会遗漏部分信息；在"数"转"形"时会忽略函数的定义域，使得函数图像与实际问题不符，造成错误等。还有部分学生在解题时懂得运用数形结合思想，亦能进行等价转化，但作图不精确，草草作图，得出错误答案。这些都是学生在解决函数问题过程中的绊脚石，应当引起教师的注意。

（四）高中学生"数形结合"能力研究

高尚凯在其硕士论文《高中生数形结合能力的现状调查及策略》中，将测试题分为"由数思形""由形思数"以及"数形结合"三大类，他通过对高中学生进行测验分析发现，一般学生"由形思数"的能力要强于"由数思形"的能力。

张云琦认为："数形结合在相关问题分析中主要从三个方面进行应用，其一就是将数学问题转化为图形问题，根据给出的数学问题绘制对应的图形。当然绘制图像的前提就是掌握不同函数图像、几何知识图像等，对于给出的问题能够绘制图像，这样才能实现数形结合。其二就是能够从给出的图形中捕捉到关键信息，对于直观无法做出判断的，可对部分图像进行赋值，进而得出相应的规律。其三就是兼顾数学知识和图形，实现数形互变，同时将原有问题转化为图形以及数学知识。"①

邵光华在《作为教育任务的数学思想与方法》一书中提道："数形结合思想方法包含着转化方向相反的两个方面的内涵，一是由数及形，即"数"上构"形"，对于表面上属于代数类的问题，充分利用"形"把其中的数量关系用几何图形形象地表示出来，通过对图形的处理，发

---

① 陈立芳.数形结合在数学解题中的应用 [J] .试题与研究：新课程论坛，2010（11）：35.

挥直观对抽象的支柱作用，实现抽象概念与具体形象表象的联系和转化，化抽象为直观，以形助数，使问题获解。一是由形及数，即"形"中觅"数"，根据图形结构关系特征，寻找恰当表达问题的数量关系式，将几何问题代数化，利用代数的算法化优势，以数助形，使问题获解。对于数形结合思想包含的这两个逆向的方面人们往往只注意前者，而忽视后者。"①

数形结合作为中学数学思想方法的一个重要构成，不仅对高中数学产生了巨大的影响，而且对整个教育发展的方向也起到了重要的作用。在数形结合思想的发展过程中，人们对数形结合的价值、构成以及应用展开了全面的分析，使得数形结合思想的内涵得到了不断的丰富。结合数形结合思想的理论背景来探讨其在高中数学教学中的应用，可以更好地发挥出其教育方面的价值。

① 王二品.数形结合思想热点应用举例 [J] .中学数学，2012，000（003）：83.

第四章　数形结合在高中数学教学中的应用

第一节　数形结合在高中数学教学中的应用举例

在数形结合思想中，"数"研究的主要是代数元素，"形"研究的则是几何元素，它们之间之所以有对应的关系，源于他们研究的是同一个问题，只是研究的角度不同而已。对于一个问题，我们从代数角度认识能够获得代数的解决方案，从几何角度认识则能获得几何解法。由此可见，从多个角度理解题目，自然能够开阔思路，得到多种解决途径。要教导学生在以后的学习和工作中对此有足够的重视。数形结合的数学思想包括以形助数和以数助形两个方面。其应用大致可以分为两种情形：一是借助形的生动性和直观性来阐明数之间的联系，即以形作为手段，数作为目的，比如应用函数的图形来直观地说明函数的性质。二是

144

借助数的精确性和规范严密性来阐明形的某些属性，即以数作为手段，形作为目的，如应用曲线的方程来精确地阐明曲线的几何性质等。下面笔者将分别举例来说明数形结合的一些具体应用。

一、以数助形

中学数学中的几何是图文并茂的，学生在研究几何问题时需要通过分析图形中的有关数量关系来探讨图形的结构和性质。就比如说平面解析几何中有关圆锥曲线的研究，都是转化成代数式的形式来实现的。在利用代数方法研究几何问题时，经常用到的是通过建立坐标系，化几何问题为代数问题来解决。这种方法被称为坐标法。另外比较常用的方法还有三角法和向量法。下面是一些具体的例子。

例 1：证明平行四边形的对角线的平方和等于四条边的平方和。

如果按照几何方法，那么我们需要做出平行四边形的高，设为 h，如图 4-1 所示，两条对角线分别为 d 和 c。

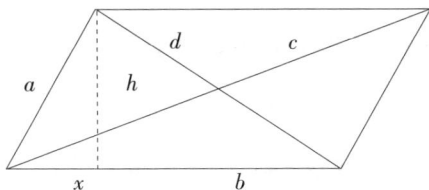

图 4-1 平行四边形

通过图形可以得出结论：

$h^2=a^2-x^2$；$h^2=d^2-(b-x)^2$；$h^2=c^2-(b+x)^2$

将第一个式子的右边乘以 2 就等于第二、第三个式子右边的和，即

$2a^2-2x^2=d^2-(b-x)^2+c^2-(b+x)^2$。

经过简化可以得到 $c^2+d^2=2a^2+2b^2$，于是原命题可以得到证明。

上述的证明看似简单，但学生很难想到这种思想方法，而且化简也并不简单，对于高中阶段的学生来讲已经有一定的难度了。而坐标系则可以在很大程度上降低这种难度，利用坐标系的知识，学生只需要将四个顶点都表示出来就可以了（如图 4-2 所示）。

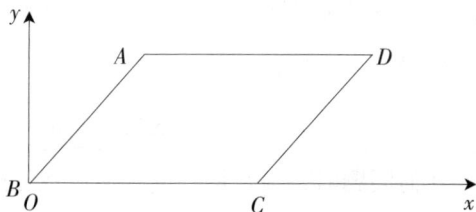

图 4-2　坐标系中的平行四边形

设 B 为 $(0, 0)$，C 为 $(a, 0)$，A 为 (b, c)，则 D 的坐标可以表示为 $(b+a, c)$，

于是可以得到 $AC^2+BD^2=(a-b)^2+c^2+(b+a)^2+c^2=2a^2+2b^2+2c^2$，

$AB^2+BC^2+CD^2+DA^2=(b^2+c^2)+a^2+[(b+a-a)^2+c^2]+(b+a-b)^2=2a^2+2b^2+2c^2$，

所以 $AC^2+BD^2=AB^2+BC^2+CD^2+DA^2$。

从上面的两种解决方法可以看出，利用坐标系去解决几何方面的问题，可以有效地降低解题的难度，思路也会更简单，利用相关的公式就可以解决。

例 2：如图 4-3 所示，我军的炮兵阵地位于地面 A 处，C，D 两处分别是我方的两个观察所，已知 $CD=6\ 000$m，$\angle ACD=45°$，$\angle ADC=75°$，当目标出现在地面 B 处时，测得 $\angle BCD=15°$，$\angle BDC=30°$，求炮兵阵地到目标的距离是多少？

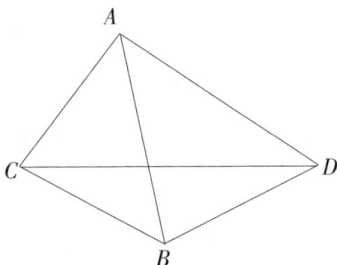

图 4-3　简易图

分析：这个问题是一个典型的解三角形的问题。解决这类问题，经常使用的方法就是将要解决的量放到三角形中去，从而转化为解三角形的问题。在解三角形的过程中，需要弄清楚哪些量是已知的，哪些量是未知的，然后用正弦定理、余弦定理等去求解。

解：在△ABC 中，$\angle CAD=180°-\angle ACD-\angle ADC=60°$，

$CD=6\,000$m，$\angle ACD=45°$，

根据正弦定理，可以得到 $AD=\dfrac{CD\sin45°}{\sin60°}\sqrt{\dfrac{2}{3}}=CD$，

同理，在△BCD 中，

$\angle CBD=180°-\angle BCD-\angle BDC=135°$，

$CD=6\,000$，$\angle BDC=30°$，

根据正弦定理，可以得到 $BD=\dfrac{\sqrt{2}}{2}CD$，

又在△ABD 中，根据勾股定理，可以得到 $AB=\sqrt{AD^2+BD^2}=1\,000\sqrt{42}$ m，

所以，炮兵阵地到目标的距离为 $1\,000\sqrt{42}$ m。

这类实际应用题的实质就是解三角形问题，在这类题中，一般都离

不开正弦定理和余弦定理。在解题中，首先要正确地画出符合题意的示意图，然后将问题转化为三角形问题去求解。但是教师要提醒学生注意，在做题中，基线的选取要恰当准确，选取的三角形及正、余弦定理一定要恰当。

例 3：已知圆 C：$(x-3)^2+(y-4)^2=1$ 和两点 A $(-m, 0)$，B $(m, 0)$，若圆 C 上存在点 P，使得 $\angle APB=90°$，则 m 的最大值为（　　）。

A. 7　　　　　B. 6　　　　　C. 5　　　　　D. 4

分析：根据体系，可以画出如图 4-4 所示示意图。

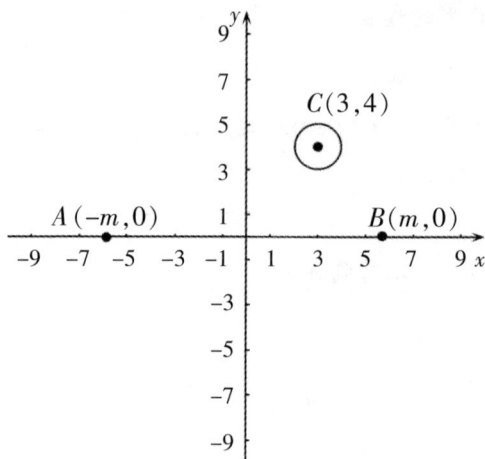

图 4-4　示意图

圆心 C 的坐标为（3，4），半径 $r=1$，并且 $|AB|=2m$。

因为 $\angle APB=90°$，连接 OP，从而得到 $|OP|=\dfrac{1}{2}|AB|=m$。

要求 m 的最大值，即求圆 C 上的点到原点 O 的最大距离。

因为 $|OC|=5$，所以 $|OP|_{max}=|OC|+r=6$，即 m 的最大值为 6。

从对这道题目的分析可以看出，利用数形结合思想去求最值的一般步骤如下：

第一步，分析数理的特征，确定目标问题的几何意义，一般从图形结构、图形的几何意义分析代数式是否具有几何意义。第二步，转化为几何问题。第三步，解决几何问题。第四步，回归代数问题。第五步，回顾反思，应用几何意义数形结合法解决问题。需要熟悉常见的几何结构的代数形式，主要有：比值——可考虑直线的斜率；二元一次式——可考虑直线的截距；根式分式——可考虑点到直线的距离；根式——可考虑两点间的距离。

二、以形助数

我们知道，中学数学中代数研究的主要是数或式的加减乘除运算，有时难免会出现太复杂甚至无法计算的情况。在思考和解决代数问题时，对于某些从表面上看来与几何毫不相关的概念和问题，有时可以从某些特定的角度出发，画出一个图形或者是示意图，把所要讨论的问题给以几何直观的描述，往往会对问题的求解提供许多有益的启示。比如我们讨论函数问题时，经常要求学生能画出图像的都要把图像画出来，从图形上分析所要解决的问题。

借助图形可以把代数问题中的数量关系揭示得更加直观形象；利用图形可以帮助我们思考，从而可以使学生对概念的理解，对解题思路的探索都变得更加简单明了、巧妙快捷。我们常用的运用几何方法解决代数问题的方法主要有：利用函数的图像来解决函数问题；把函数图像与 x 轴的交点看成方程的根，从而解决方程和不等式问题；通过画出约束条件表示的区域，然后求出目标函数的最优解，从而解决线性规划问题等。以下是一些例题分析：

例 4：已知全集 $U=$ {不大于 20 的质数}，M 和 N 是 U 的两个子集，并且满足 $M \cap (\complement_U N) = \{3，5\}$，$(\complement_U M) \cap N = \{7，19\}$，$(\complement_U M) \cap (\complement_U N) = \{2，17\}$，求 M 和 N。

分析：本题中的集合关系比较复杂，可以借助维恩图（如图 4-5 所示）明确它们之间的关系。

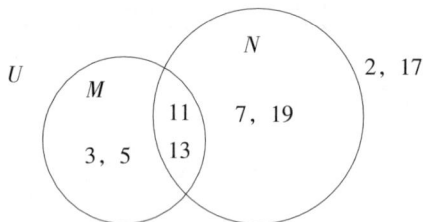

图 4-5　维恩图

首先 $U=$ {不大于 20 的质数，说明 $U=\{2，3，5，7，11，13，17，19\}$，可以画出图形。$M \cap (\complement_U N) = \{3，5\}$，说明 3 和 5 在 M 当中，不在 N 中；$(\complement_U M) \cap N = \{7，19\}$，说明 7 和 19 不在 M 当中，在 N 中。同样，$(\complement_U M) \cap (\complement_U N) = \{2，17\}$，表示 2 和 17 同样也不在 M 和 N 当中。

根据对问题的分析，剩余的 11，13 只能是既在 M 中又在 N 中，图形画出来之后从图形上明显地可以观察出集合 M 与 N。本题中集合 $M=\{3，5，11，13\}$，$N=\{7，11，13，19\}$。

上述例题告诉我们，利用数形结合的方法，可以使某些复杂的集合之间的关系显现得非常简单明了。通过维恩图我们可以清晰直观地看出各个集合以及它们之间的关系，给学生解决问题提供了非常便利的工具。如果学生掌握了这种方法，那么当他们遇到这种问题时就不会感觉无从下手、毫无头绪。这就要求教师在平时教学过程中多渗透这种思想，让学生也能受到潜移默化的影响。这样学生的数学能力必将有质的飞越，将达到一个全新的高度。

例 5：已知 $f(x)$ 为二次函数，且满足（1）二项式系数为负数；（2）$f(1+x)=f(1-x)$。试比较 $f(-\sqrt{2})$ 与 $f(\pi)$ 的大小？

分析：本题是以函数的形式给出来的，但是仅仅从给出的条件无法计算出函数的解析式，所以利用函数解析式来比较大小是不可行的。但是我们可以根据条件把函数图像画出来，从图像上来比较大小。分析给出的条件：二项式系数为负数，表示的是二次函数的图像开口向下；$f(1+x)=f(1-x)$，表示的是函数图像关于 $x=1$ 对称。二次函数是我们最熟悉的一类函数之一，由这两个条件，这个函数的大致图像很容易就可以画出来（如图 4-6 所示）。

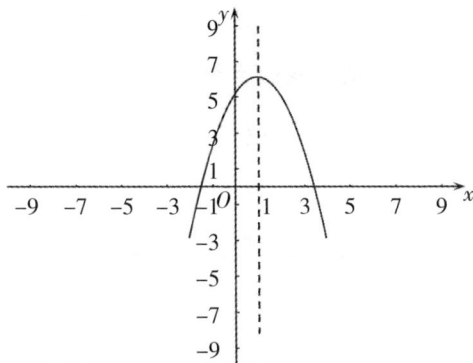

图 4-6 函数图像

我们从图像上观察可以看出，$-\sqrt{2}$ 与 π 哪个离对称轴近哪个函数值就大。经过比较可以看出来，$-\sqrt{2}$ 离对称轴比较远，所以函数值就比较小，最后可以得出结论 $f(-\sqrt{2})<f(\pi)$。在这个例题中，如果学生不画函数的大致图像，而直接去做的话，肯定会感觉很困难，因为函数的解析式是无法求解的。但是，如果学生掌握了数形结合的思想，就能比较清晰地看到，比较函数值的大小还可以利用函数图像对应点的高低来比较，或者是用函数的单调性来比较，问题也就迎刃而解了。所以掌握数形结合的思想方法对学生的数学能力的培养是至关重要的。

例 6：$\ln x+\sin x=0$ 的解的个数。

分析：这个问题看着是一个无从下手的题目，其实是常见的超越方程问题，我们不能像解一元一次或者是一元二次方程一样，通过因式分解来解决。对于这一类问题，我们常用的方法就是把方程的两边的代数式看作两个熟悉的函数表达式（不熟悉的需要通过适当的变形变成熟悉的函数），然后在同一个坐标系中作出两个函数的图像（如图 4-7 所示），图像的交点个数即为方程的解的个数。对于本题我们就可以转化为求函数 $y=\ln x$ 与 $y=-\sin x$ 的交点的个数。

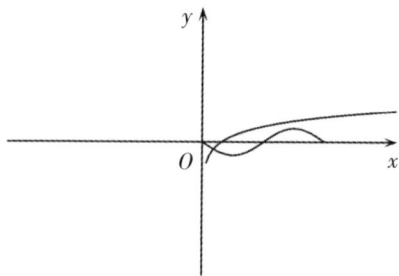

图 4-7　函数图像

这个问题的图像绘制比较简单，从图像上可以看出两个函数只有一个交点，所以说方程也就只有一个根。这个看似不能解决的方程问题，我们就是通过数形结合的方法求出了解的个数。所以在数学的学习中，数形结合可以说无处不在，对一些特别困难的几何或者是代数问题，我们也都可以用数形结合来解决。

例 7：设等差数列 a_n 的前 n 项和为 S_n，若 $a_1=0$，$S_{2009}=0$。求当 $a_n>S_n$ 时，n 的取值的集合。

分析：对于这个题，只给出了 $a_1=0$，$S_{2009}=0$，所以要通过求数列的通项等方法求 n 的范围是比较困难的，但是通过刚才的分析我们可以知道，等差数列是一类比较特殊的数列，它的通项公式是一次函数，前 n 项和公式是常数项为零的二次函数。一次函数和二次函数的图像我们都比较熟悉，所以就想：能不能通过画出函数图像来求解呢？我们不妨一试。

我们可求出一次函数与二次函数的交点，就是要先求出 $a_n=S_n$ 时候对应的 n 的值。经过分析知道：$a_1=S_1$ 且 $S_{2009}=0$，那么就有 $S_{2010}=a_{2010}+S_{2009}=a_{2010}$，所以 $a_n=S_n$ 有两个实数解 $n=1$ 和 $n=2\,010$。先把函数图像画出来（如图 4-8 所示），从图像上来分析（因为一些离散的点画的时候不方便，所以先把整个函数图像画出来，但是要知道图像是离散的这一特点）。从图像上看，要满足 $a_n>S_n$，也就是一次函数的图像要在二次函数图像的上方，对应的 n 的值就是 $1\leq n\leq 2\,010$。由此得到了 n 的取值范围。

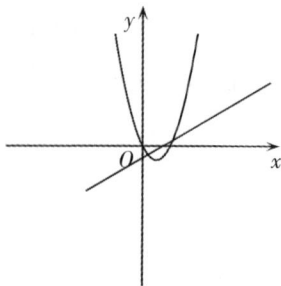

图 4-8 函数图像

上边用数形结合的方法很方便地求出了 n 的取值范围，但不是所有的数列题都可以用数形结合的方法来解决，只有当函数图形容易画出的时候才能起到作用。而等比数列的通项公式和求和公式都是高次的，不容易画出，所以数形结合在数列中最常见的就是用来解决等差数列的问题。

例 8：若 x，y 满足约束条件 $\{x-y\geq0；2x+y\leq6；x+y\geq2\}$，则 $z=x+3y$ 的最小值是（   ），最大值是（   ）。

分析：这道题主要考查了在正确的表示区域内，理解直线之间的位置关系。

这个问题的解决策略可以分为三步：首先利用图 4-9 确定三条直线的焦点坐标；然后利用斜率进行比较。可以知道过 A 点时 z 最小，过 B 点时 z 最大，因此 z 的最小值为 -2，最大值为 8。

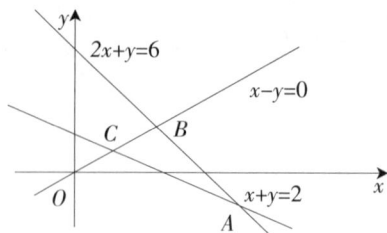

图 4-9 函数图像

例 9：函数 $y=\dfrac{1}{x-1}$ 的图像与函数 $y=2\sin\pi x$（$-2 \leqslant x \leqslant 4$）的图像的所有交点的横坐标之和等于（　　）。

A. 2　　　　　B. 4　　　　　C. 6　　　　　D. 8

分析：由函数的解析式可以得到两个函数均关于点（1，0）对称，并且在关键点 $x=\dfrac{1}{2}$，$x=\dfrac{3}{2}$ 处，两个函数的值是相等的。简单作出问题的示意图（如图 4-10 所示），可以清楚地看到两个函数图像一共有八个交点，并且关于（1，0）对称，因此两个函数交点的横坐标之和为 8。

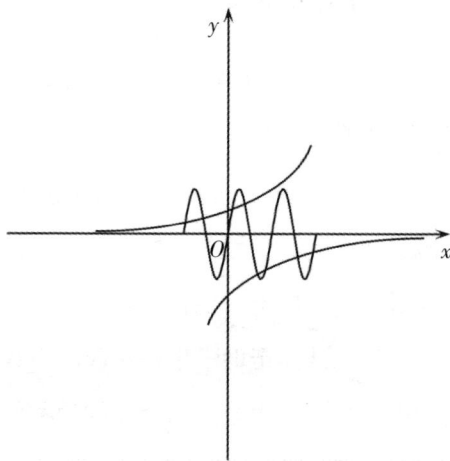

图 4-10　函数图像

第二节　数形结合思想在高中数学教学中的具体应用分析

一、数形结合在集合教学中的应用

将一类具有相同特征的事物集中在一起就称为集合。

集合是人教版《高中数学必修 1》的第一章内容，作为学生在高中时期的知识模块，集合可以说是高中数学众多知识点的理论基础，从中可以看出集合这一概念教学的基础性与重要性。而我们对集合教学中的数形结合思想进行分析，则可以更好地将集合抽象的数数关系替换成研究图形间具体的图像关系，从而帮助学生搭建起高中数学集合框架，并能通过维恩图和数轴来直观看出集合之间存在的种种关系，进而帮助学生理解与分析基础知识。

数形结合思想在高中教师对学生有关集合的教学中应用的形式主要有以下罗列的两种（以形解数）：

（一）运用维恩图

维恩图主要是用在已知条件给出得较为完备的集合问题中，比如我们在学习的过程中通过求一个已知条件比较明确的集合与另一个已知条件也比较明确的集合之间的关系。通过将不同取值范围的集合画在维恩图中，通常将研究的最大数域画成正方形，将题目中研究的各个集合画成圆，这样能够轻易看出集合间的图像关系。若遇到的两个圆有共同的交叉部分，那其表示的是两个已知条件完备的集合共有的元素所组成的集合，称为交集；而如果我们考虑的是这两个圆所围成的所有面积，则所围成的所有面积表示的是这两个集合中所有元素所组成的集合，称为并集；若遇到的这两个已知条件完备的集合在图像上没有共同的交叉部分，则代表这两个集合之间没有交叉关系，也就是不具备共同特征的事物，那么此新出现的集合就可以称为空集；所有在两个集合所围成的面积外的区域，称为在研究的最大数域内这两个集合的补集；在解决问题的过程中，给出的集合可能有多个，思路是相同的，所有的运用和理解与两个集合的研究方法一样。下面以具体例子进行说明。

例 10：设 I 为全集，S_1，S_2，S_3 是 I 的三个非空子集，并且 $S_1 \cup S_2 \cup S_3 = I$，则下面的结论正确的是（　　）。

A. $\complement_I S_1 \cap (S_2 \cup S_3) = \varnothing$ 　　　　B. $S_1 \in (\complement_I S_2 \cap \complement_I S_3)$

C. $\complement_I S_1 \cap \complement_I S_2 \cap \complement_I S_3 = \varnothing$ 　　　　D. $S_1 \in (\complement_I S_2 \cup \complement_I S_2)$

解析：

解法一：如图 4-11 所示，

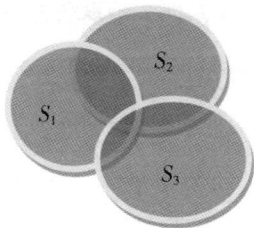

图 4-11　示意图

$\because S_1 \cup S_2 \cup S_3 = I$,

$\therefore \complement_I(S_1 \cup S_2 \cup S_3) = \varnothing$,

即 $\complement_I S_1 \cap \complement_I S_2 \cap \complement_I S_3 = \varnothing$,

解法二：绘制出维恩图，从而达到结论 C。

解法三：令 $S_1 = \{0\}$，$S_2 = \{1, 3, 5, 7, \cdots\}$，

$S_3 = \{2, 4, 6, \cdots\}$，则 $I = \mathbf{N}$，可以得到结论 C，

由上述三种方法可知，正确答案为 C。

（二）运用数轴

数轴主要用在解决已知条件比较模糊并且含有未知数的集合问题方面，比如处理两集合之间的子集问题或集合与集合之间的包含关系时，可以根据两个集合中自变量的取值范围分别在同一个数轴上表示出来，并且需要标出每个自变量取值范围上的数字（或大写字母）。做法为先标出已知条件较为完备的集合，再根据集合与集合的子集关系，画出另一个集合的大致取值范围，进而就可以简单地去通过比较这两个集合左右两端端点值的大小，去列出一个不等式组，其中包括了这两个不等式的关系，最后就可以通过运算求出这两个不等式的解集，即为我们题中所求未知数的取值范围。

例 11：已知 $|x-1| + |x-5| = 4$，则 x 的取值范围是？

解析：绘制图 4-12，可以通过对数轴的观察得到最终的结论是 $1 \leqslant x \leqslant 5$。

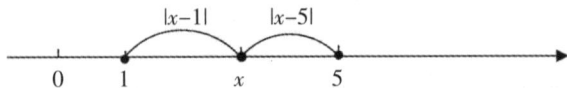

图 4-12　示意图

二、数形结合思想方法在函数教学中的应用

关于函数的定义，首先这里存在两个不同的集合，一个为集合 A，另一个为集合 B，若我们在集合 A 中每选取出有一个自变量 x 都可以在已知的集合 B 中找到唯一的一个因变量 y 与这个自变量 x 相对应，那么我们就称这个集合 B 为这个集合 A 的函数。函数是高中数学最重要的模块，它的知识点及性质是之后将要学习的很多内容的理论基础与重要研究基本点。

（一）在函数的定义域或值域中的应用

函数定义域即函数自变量 x 的取值范围，函数值域即函数因变量 y 的取值范围。在研究函数的定义域或值域的过程中，我们在高中主要通过用区间的形式来表示。而区间之间的关系，如两个区间的交集、两个区间的并集，以及求区间的补集等问题，都可以用到刚介绍过的数形结合思想方法：利用维恩图或者利用数轴去解决。在这个版块的教学中，教师可以结合数形结合的思想方法去求值域。

1. 直接法（适用于求一次函数 $y=kx+b$ 与反比例函数 $y=\dfrac{k}{x}$）

直接法顾名思义即直接根据所给定义域的取值范围，也就是将题中所给已知条件区间的两个端点值直接代入解析式中求出各自所对应的函数值，最终将大小数写于区间两侧表示的即为函数的值域。这种方法的原理主要是我们学到的函数单调性这一知识点，如果在所求区间上因变量 y 随自变量 x 的增大而逐渐增大，则表示的是这个函数在这个自变量的取值范围下单调递增；如果函数在所求区间上因变量 y 随自变量 x 的

减小而逐渐减小，则表示的是这个函数在这个自变量的取值范围下单调递减。如果已经能够直接判断这个函数的单调性，那么我们就可以在求解的过程中直接将函数的定义域的两个端点值代入解析式中得到两个数值，求出的这两个数值中较大的那个数的数值即为这个函数在所给的区间上的最大值，求出的这两个数值中较小的那个数的数值即为这个函数在所给的区间上的最小值，最终我们将求出的这两个数值中小的那个数写在左侧，大的那个数写在右侧，写出的区间形式即代表函数在所求取值范围内的值域。一次函数的图像只可能有两种情况（如图 4-13 所示），即一种是在整个实数取值范围上图像都单调递增呈上升趋势，另一种是在整个实数取值范围上图像都单调递减呈下降趋势。反比例函数（如图 4-14 所示）求值域，我们只需要在平面直角坐标系内画出所求的函数的图像进而再根据所求的定义域来最终确定其值域。需要说明的还有一个特殊函数——对勾函数，这个函数在高中阶段学生学到的所有函数中是比较特殊的，它一共有一个大的和一个小的两个极值点，若所求的定义域为 x 不等于零，则此函数没有最大值和最小值；若此函数的定义域不是整个实数而是有一定的取值范围，我们才需要根据画出的图像找到所求取值范围下的图像，进而求出值域。

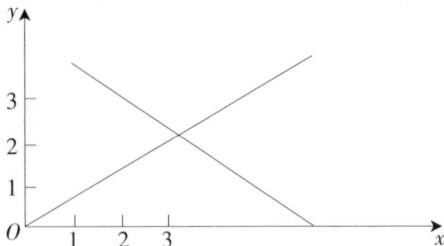

图 4-13　一次函数

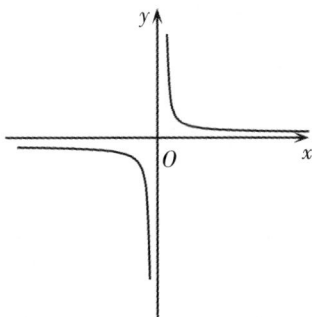

图 4-14　反比例函数

2. 配方法（适用于求二次函数 $y=ax^2+bx+c$）

我们需要先给这个二次函数进行配方，首先，需要明确的是配方法就是将关于两个数（或代数式，但这两个一定是平方式），写成 $(a+b)^2$ 或 $(a-b)^2$ 的形式。将 $(a+b)^2$ 展开，得 $(a+b)^2=a^2+2ab+b^2$。故需配成 $(a+b)^2$ 的形式，就必须要有 a^2，$2ab$，b^2 这三个要素，则选定要进行配方的对象后（就是 a^2 和 b^2，这就是核心，一定要有这两个对象，否则无法使用配方公式），再进行添加和去除。

在对给出的函数进行了配方之后，再根据图像去确定找出顶点是否在所求的取值范围内，进而会有以下两种情况：

第一种：函数 x 的取值范围是全体实数时，我们就可以在平面直角坐标系中根据二次函数表达式中 a 的正负值画出图像来判断，若 $a>0$，则函数值域为从顶点的位置到正无穷；若 $a<0$，则函数的值域为从负无穷到顶点的位置。

第二种：函数有确定了的定义域时，若顶点不在取值范围内则直接代入两个端点值来求值域，因为此时函数呈现单调性；若二次函数配方后的顶点在所求的取值范围内，则需要先求出所给取值范围的两个端点

161

值与函数的顶点值，最后求出的这两个数的数值，其中较大的那个数即为这个函数的最大值，较小的那个数即为这个函数的最小值。

3. 分离常数法（适用于分数线上下都是一次函数型的函数 $y=\dfrac{cx+d}{ax+b}$）

这个方法当中的数形结合思想方法原理为反比例函数 $y=\dfrac{k}{x}$ 的值域为 $(-\infty,0)\cup(0,+\infty)$ 而 $y=\dfrac{k}{x}+m$ 的值域也为 $(-\infty,0)\cup(0,+\infty)$，因此我们能知道反比例函数将图像左右移动几个单位对函数的值域不会产生任何影响。而根据图像，我们可以看出 $y=\dfrac{k}{x}+m$ 这个函数所对应的值域为 $(-\infty,m)\cup(m,+\infty)$，能够看出对于反比例函数型的函数其所求的值域跟图像进行的上下移动有关，与图像进行的左右移动无关，所以可以将 $y=\dfrac{cx+d}{ax+b}$ 通过分离常数写成 $y=\dfrac{M}{ax+b}+\dfrac{c}{a}$ 这个形式，我们就可以根据分离的常数值，确定函数的值域的取值范围为 $\left(-\infty,\dfrac{c}{a}\right)\cup\left(\dfrac{c}{a},+\infty\right)$。

4. 图像法（适用于 $y=|ax+b|+|cx+d|$ 类型的函数）

在高中数学教学过程中，学生在解题的时候，若遇到求那些带绝对值的函数时，首先需要考虑的即为消去这个所求函数的绝对值。而我们进行消绝对值的过程应用的原理为将带绝对值的数根据其正负转化为其本身或其相反数，所以我们在遇到这类问题的时候，首先要考虑两个绝对值分别为零时 x 的取值是多少，进而进行分类讨论，从而得到三种情况。接着把三种情况下去掉绝对值后的函数画在同一个直角坐标系内，并留下已知取值范围的函数图像，最后我们根据分类讨论后得到的函数表达式便可画出函数的整体图像，进而根据图像看出函数的值域。

例 12：若$|x+1|+|2-x|=3$，那么 x 的取值范围是 _____。

解析：由绝对值的含义可以知道，$|x+1|+|2-x|$的最小值为 3，这个时候，在-1 到 2 之间（包含端点）进行取值（如图 4-15 所示），可以得到 x 的取值范围是$-1 \leqslant x \leqslant 2$。

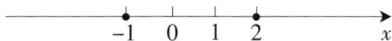

图 4-15 x 的取值范围

5. 导数法

对于学生已经学会的函数，在研究其图像的过程中，这个函数在某点处的切线的斜率，即为这个函数在所求的这个点处的导数，对此函数的解析式进行求导即可得到此函数的导函数，进而接下来可以通过在求出来的导函数中代入不同的 x 数值求出直线的斜率。如果我们求得的导函数在某段区间上的数值恒为正，则此函数在这段选取的区间的斜率一直大于零；如果我们求得的导函数在某段区间上的数值恒为负，则此函数在这段选取的区间的斜率一直小于零；若我们求得的导函数在横坐标为 x_0 处的数值等于零，并且在横坐标 x_0 左右两侧的符号恰巧相反，则称横坐标 x_0 代表的数值为函数的极值点；若我们求得的导函数在横坐标为 x_0 处的数值等于零，并且在横坐标 x_0 左右两侧的符号恰巧相同，则称横坐标 x_0 代表的数值为函数的拐点。

学生在求函数的值域时，如果所求的函数有定义域，那么仍旧需要对函数的解析式进行求导，令其导函数最后等于零，求出使函数为零的点即为极值点。此时我们需要观察极值点是否在这个函数所求的 x 的取值范围内，如果这个极值点在函数的 x 的取值范围内，则我们需要求出这个极值点与所求函数在 x 的取值范围内的两个端点值分别的函数数值。接下来需要将两个数值进行比较大小，这两个数值中大的那个数值则为最大值，小的那个则为最小值。如果这个函数 x 的取值范围的端点处的值取不到则无相应的最大与最小值。如果我们求出的极值点并不在已知函数的定义域取值范围内，那么我们就可以直接求其定义域区间上的两个端点值的函数值，进而可以求出这个函数在所求区间上的 y 的取值范围。如果端点处的值取不到则为开区间，能取到则为闭区间。

（二）数形结合思想方法在求函数的零点问题时的应用

函数的零点问题属于高中难度很高的题型，在高考中也常在最后一道选择、最后一道填空或在最后一道大题的最后一问出现，属于所有学生难以攻克的问题。令函数 $y=0$ 时，x 的值被称为函数的零点。这里教师需要在教学的过程中跟学生反复地强调需要注意的是函数的零点是数不是点。我们在研究函数零点时，该问题主要会产生以下两个方面的子问题：

1. 函数的零点个数问题（以形解数）

求函数与 x 轴的交点有几个问题。这类问题首先需令 $y=0$，求出的 x 即为零点。其次，将此时 $y=0$ 的方程拆成两个初等函数，列于等式的两侧（高中范围内的初等函数包括六个）。最后，我们需要画出这两个函数的图像，再根据所画出的函数的图像找到这两个函数的图像的交点，这个交点所对应的 x 的值即为这个函数的零点。其原理是因为在这两个函数图像的交点处，这个点所对应的两个函数的 x 值与 y 值的数值大小分别相等，那么这两个函数在这一点处所对应的两个 y 的数值相减后的差值的数值一定等于零，所以这个交点一定就是原函数的零点；或者利用函数的求导法，求出函数的极值点，如果函数的极值点有两个，那么能确定函数的零点个数有以下三种情况：

第一种：函数只有一个零点。此时我们需要将求出的函数的极小值位于 x 轴的上方，即令其大于零；或者我们需要将求出的函数的极大值位于 x 轴下方，即令其小于零。

第二种：函数只有两个零点。此时我们需要令求出的函数的极大值的位置位于 x 轴的上方位置，即令其求出的数值大于零；再令所求出的函数的极小值的位置位于 x 轴上，即令其求出的数值等于零。或者我们需要令求出的函数的极小值的位置位于 x 轴下方的位置，即令其所求出的数值小于零；再令所求出的函数的极大值在 x 轴上，即令其等于零。

第三种：函数有三个零点。此时我们需要令所求出的函数的极小值的位置位于 x 轴下方的位置，即令其所求的数值小于零；令所需要求出的函数的极大值的位置位于 x 轴上方的位置，即令其所求出的数值大于零。或者我们需要令求出的函数的极小值的位置位于 x 轴上方的位置，即令其所求出的数值大于零；令求出的函数的极大值的位置位于 x 轴下方的位置，即令其所求的数值小于零。当遇到两个函数有几个交点这类问题时，此类问题可以构造新函数 $F(x)$，再利用上述三种情况进行解决即可。

2. 零点所在区间问题（以数解形）

求此类问题时我们需要利用到的重要知识点是解决零点问题的核心原理，其被称为零点存在性定理：已知 $f(x)$ 连续，在区间 (a, b) 上，如果 $f(a)$ 乘以 $f(b)$ 小于 0，则说明 $f(x)$ 在区间 (a, b) 上至少存在一个零点。画出图像我们可以知道，如果 $f(a)$ $f(b)$ <0，说明 $f(a)$、$f(b)$ 中有一个的数值一定大于零，有一个的数值一定小于零，那么函数值 $f(a)$ 与函数值 $f(b)$ 在图像上可以看到表示的点分别是一个位于 x 轴的上方位置，一个位于 x 轴的下方位置。我们可以根据其性质——函数 $f(x)$ 是一个连续的函数，判断这个函数的图像一定是时刻相连且没有任何间断的，所以我们可以通过观察图像看出，函数图像上的一个点若想从 x 轴的上方的点的位置移动到 x 轴下方的点的位置需要进行连接，则这个函数图像必定会与 x 轴相交至少一次，那么就能得出这个问题的最重要结论，即 $f(x)$ 在所求的区间范围上至少存在一个零点。

例 13：关于 x 的方程 $|x-2|=\log_a x$（$a>0$，且 $a\neq1$）的解的个数是多少？

解析：这个问题可以通过画图的方式解决。

第一步，当 $0<a<1$ 时，在同一个坐标系内分别作 $y=|x-2|$ 和 $y=\log_a x$ 的图像，这个时候，可以通过图像观察到两个图像之间仅仅只有一个交点，结合数形结合的思想，可以得到在这个 x 范围内，一共有一个解。

第二步，当 $a>1$ 时，分别作出 $y=|x-2|$ 和 $y=\log_a x$ 的图像，这个时候，$y=|x-2|$ 的图像 $y=\log_a x$ 的图像之间有两个交点，因此可以得到两个解。

综上，可以得到答案为一个解或者两个解。

三、数形结合思想方法在解析几何教学中的应用

（一）在直线中的应用

直线方程是解析几何版块最为基础的知识点，之后所有研究几何图形的知识点都会与之产生交集，进而产生一系列的研究问题。首先，在说明直线方程之前，需要了解以下知识点，教师在讲解这些知识点时需

注意对学生进行理解性教学，让学生形成对此版块扎实的积累。

一是倾斜角，其表示的是直线的倾斜程度，直线向上的方向与 x 轴正方向确定的夹角即为倾斜角 θ，通过图像观察可以看出夹角 θ 的取值范围为 $[0，180°)$。

在直线中，当直线的倾斜角 θ 位于不同的取值范围时，直线斜率与倾斜角之间的关系为：当夹角 $\theta=0°$ 时，此时直线与 x 轴平行或直线与 x 轴重合，并且此时直线垂直于 y 轴或与 y 轴重合，此类直线的通用表达形式为 $y=b$；当夹角 $\theta\in(0°，90°)$ 时，直线的斜率 $k>0$，并且 k 会随着 θ 的增大而增大；当夹角 $\theta=90°$时，直线的斜率不存在；当夹角 $\theta\in(90°，180°)$ 时，直线的斜率 $k<0$，并且 k 随 θ 的减小而减小。

二是直线方程的表现形式，其共有以下五种：

第一，直线的斜截式 $y=kx+b$（初中数学中直线方程的常用表达形式）。如要表示此类直线方程，我们需要知道这条直线的斜率与这条直线在 y 轴上所截得的截距。

第二，直线的点斜式 $y-y_0=k(x-x_0)$（此直线的表达形式是高中表示直线最常用的表达形式）。如要表示此类直线方程，我们只需要知道这条直线的斜率与这条直线上的任意一点的坐标即可。其优点为，能够较快地求出直线的表达式；缺点为，仍旧不能表示垂直于 y 轴的直线。

第三，直线的两点式 $(y-y_1)(x_2-x_1)=(y_2-y_1)(x-x_1)$。若要表示此方程形式，我们需要知道这条直线上的任意两个不重合的点的坐标，首先需要通过两点横纵坐标分别作差最后作比的运算表示出这条直线的斜率，然后利用直线的点斜式的表达形式去掉分母，最终化简即可表示出两点式的直线形式。

第四，直线的截距式 $\frac{x}{a}+\frac{y}{B}=1$。若要表示此方程形式，我们需要知道这条直线与 x 轴的截距和这条直线与 y 轴的截距。其缺点为，表示不了通过原点的直线。

第五，直线的一般式 $Ax+By+C=0$，其是直线方程所表达的最终形式。此直线方程形式可以表示所有的直线形式，在高考中写有关直线问题的最终答案时，必须写成这种直线形式。

直线系方程，即 $Ax+By+C+\lambda=0$，表示通过这两条直线 $Ax+By+C=0$ 与 $Dx+Ey+F=0$ 交点的所有直线（不包括 $Dx+Ey+F=0$ 这条直线，因为在这个直线表达形式下，我们令 x 取任何能够取到的函数值都无法令前一条直线消失，即令 $Ax+By+C$ 等于零）。直线方程中常见的数形结合思想方法为，如果我们将两条直线的直线方程进行联立得到一个二元一次方程组，其求出的解所具备的几何意义即为这两条直线在图像上的交点坐标。

（二）在圆中的应用

高中对于圆的学习是建立在初中圆的学习的基础之上的，但不去研究圆内的一些基础知识，如圆心角、圆周角等知识点，而主要去研究圆的本质问题。圆的表现形式有以下两种：

第一种：圆的标准式 $(x-a)^2+(y-b)^2=1$。圆的此种表达式的原理为两点间的距离公式，即首先将两点相连，其次将两个端点坐标分别作 x 轴和 y 轴的垂线，即可得到一个直角三角形。利用勾股定理，两个直角边的平方和等于斜边的平方，即可表示出圆的标准方程。

第二种：圆的一般式 $x^2+y^2+Dx+Ey+F=0$。这种表达式的由来为圆的标准式进行展开，然后再移动到等式的左侧。

圆系方程 $x^2+y^2+Dx+Ey+F+\lambda(x^2+y^2+Hx+Iy+J)=0$，表示的为通过圆 $x^2+y^2+Dx+Ey+F=0$ 与 $x^2+y^2+Hx+Iy+J=0$ 的两个交点的所有圆的方程（其中不包括 $x^2+y^2+Dx+Ey+F=0$ 这个圆，因为在这个圆的表达形式下，我们令 x 取任何能够取到的函数值都无法令后一个圆消失，即令 $x^2+y^2+Dx+Ey+F$ 等于零）。如果我们将两个圆的一般方程进行联立，则得到一个二元二次方程组，其求出的解所具备的几何意义即为这两个圆在图像上的两个交点坐标。

数形结合思想方法之直线与圆（以数解形）：

1. 判断直线与圆的位置关系

教师在教学的过程中需要让学生利用点到直线的距离公式进行求解，首先需要求出圆心坐标 (a, b) 到直线 $Ax+By+C=0$ 的垂线距离 d，比较长度 d 与圆的半径长度 R 的数量关系。如果 $d<R$，说明直线与圆是相交的关系；如果 $d=R$ 说明直线与圆是相切的关系；如果 $d>R$ 说明直线与圆是相离的关系。

2. 求直线与圆相交的弦长

我们可以先连接圆心到两弦端点的线段，再作圆心到弦的垂线，由全等三角形可知垂线垂直且平分弦，根据 $\sqrt{R^2-d^2}$ 我们可以求出半个弦长，最后将 $\sqrt{R^2-d^2}$ 乘以 2 即为最终需要求的弦长。

3. 求分别过两个定点的两条平行直线间的距离的取值范围

在教学的过程中，学生首先需要连接两定点 A，B，再做任意定点到另一条直线的垂线，此时形成一个三角形，两直线间的距离为这个三

角形的直角边，两定点的距离 $|AB|$ 为这个三角形的斜边。根据定理三角形中斜边长永远大于直角边，可以知道两直线间距离小于两定点距离。当两直线恰巧与这两定点形成的线段垂直时，两直线间的距离恰巧等于两定点间距离 $|AB|$，所以我们需要分别求出过这两个定点的这两条平行直线之间的距离的取值范围，通过画出图像我们可以知道其能取到的最大值就等于两定点之间的距离 $|AB|$；而其强调两平行直线，所以说明两直线不能重合，随着角度的不断变化，我们能够知道两直线间距离小于两定点距离，并且最小不能为零，所以分别过两定点的两条平行直线间的距离的取值范围为 $(0, |AB|]$。

（三）在圆锥曲线中的应用

圆锥曲线这个章节在高考中占据非常重要的地位，基本每年在高考题中都会出一道选择题或者一道填空题，以及一道大分值的问题，无论在什么位置出的什么题型，都属于中等上甚至偏难的难度，对学生运用所学知识点进行灵活变通要求非常高。那么教师在教学过程中讲解圆锥曲线的时候，在潜移默化中给学生灌输数形结合思想方法则是一种非常有效的教学手段，能够将问题化抽象为具象。对于很多难以解决的问题，学生可以进行多方位、多角度的分析思考，最终达到解决问题的效果。

1. 数形结合思想方法在椭圆中的应用

在讲解椭圆之前，首先需要讲解的是椭圆是如何形成的，这一点非常重要，因为之后的很多知识点其实都是在这个问题的基础上进行延展的。椭圆是如何形成的？首先在平面上确定两点，再找到一条长度大于两点距离的细线，把细线的两端固定在平面上选取的两点上，然后拉直细线，通过改变拉伸细线的角度，画出形成的曲线的轨迹，即为椭圆。椭圆当中的数形结合应用题型主要包含：给出椭圆的方程，求椭圆上一固定点或者动点到一条直线的距离或者轨迹；给出椭圆的焦点和顶点，求椭圆的离心率等。

2. 数形结合思想方法在双曲线中的应用

双曲线是圆锥曲线的第二个章节，学好双曲线这个模块对学习椭圆、抛物线有一定的知识互通与彼此巩固知识理解作用。讲解双曲线首先需要讲解的是双曲线是如何形成的，这一点非常重要，因为之后很多的知识点其实都是建立在这个问题上进行延展的。双曲线是如何形成的，首先在平面上确定两点，再找到一条长度大于两点距离的细线，把细线的两端固定在平面上选取的两点上，然后拉直细线，在保证到两端点距离的差为定值的情况下，通过改变拉伸细线的角度形成的轨迹，即为双曲线。双曲线中的数形结合应用题型主要包含：给出双曲线的中心和焦点，根据题目条件求出双曲线的实轴长等。

3. 数形结合思想方法在抛物线中的应用

抛物线是圆锥曲线的最后一个章节。抛物线的形成过程为：需要在平面上确定一点，然后再确定一条固定的直线，画出所有到这个定点的距离与到这条定直线的距离相等的点的轨迹，即称为抛物线。将形成的轨迹方程放入平面直角坐标系中，将确定的定点和定直线确定在坐标轴上，并且使得定点与定直线的中心为原点，即可得到平面直角坐标系下的抛物线。

例 14：已知直线 l_1 为 $4x-3y+6=0$ 和直线 l_2 为 $x=-1$，抛物线 $y^2=4x$ 上一动点 P 到直线 l_1 和直线 l_2 的距离之和的最小值是？

解析：结合从题目中获得的信息和数据，可以得到图 4-16。

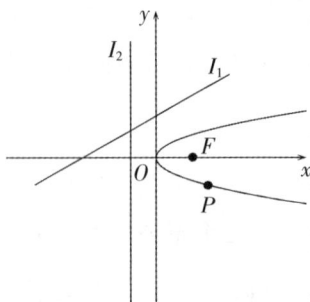

图 4-16　示意图

根据抛物线的定义，可以得到动点 P 到 $x=-1$ 的距离即为 $|PF|$，再由绘制出的图像可以知道，$|PF|$ 与点 P 到 l_1 的距离之和最小值即 F 到直线 l_1 的距离，故最小值是 2。

四、数形结合思想方法在立体几何教学中的应用

立体几何在高中教学中为一大基础模块，也是重要的应用模块，是数形结合思想方法的重要应用之处，在高考中的分值占据也比较大，涉及选择题、填空题以及大题等各种题型。在高中数学教学过程中，教师可以从两个方面引导学生去解决立体几何部分的问题。

（一）传统方法

传统方法即运用逐渐建立的空间立体感来进行解题，那么首先需要对部分知识点进行了解说明：

点：即空间中最简单的图形，图像表示上为一个点，属于零维，没有大小，没有长宽厚度。

一是线。由每个点向同一方向的两端进行移动形成的图形称为线，

即点动成线，空间中能够向两点无限延伸的一维图形。

二是面。由每条线向同一方向的两端进行移动形成的图形称为面，即线动成面，空间中能够向同一方向两侧无限延伸的二维图形，具有长与宽两个单位。

三是体。由每个面向同一方向的两端进行移动形成的图形称为体，即面动成体，空间中能够向任意方向无限延伸的三维图形，具有长宽高三个单位。

常见的立体几何问题：过平面内的两点，可以确定 1 条直线，0 个平面；过平面内的三条直线，能确定 0 个或 1 个或 3 个平面；一个平面可以把空间分为 2 个部分；两个平面可以把空间分为 3 或 4 个部分；三个平面可以把空间分为 4 个或 6 个或 7 个或 8 个部分。

（二）空间向量方法（以数解形）

向量表示有大小、有方向的线段。

向量有两种表示的方法，如果我们不使用坐标的形式来表示，则需要用到一个小写字母来表示，如 a，b，c。如果我们使用坐标的形式来表示，则需要用到两个大写字母来表示，如 $\overrightarrow{AB}$。因为我们知道向量是代表既有大小又有方向的线段，所以我们表示的向量一定有首有尾，假设这个向量的 A 端位置为首，这个向量的 B 端位置为尾，那么这个向量的方向即为由端点 A 指向端点 B，则只需在 AB 字母上方画出由左至右的箭头。如果向量的方向为 B 到 A，则在 BA 字母上方画出由右向左的箭头，不可以将箭头的方向画反。

1. 向量的线性运算

向量的线性运算涉及以下三个方面的问题：

第一，向量的加法运算。加法运算是向量最基本的运算，满足平行四边形定则，图像表示为首先将两个向量 $\overrightarrow{AB}$、$\overrightarrow{AD}$ 通过平行移动的方式，使得两个向量的尾都移动到同一点 A，接下来画出平行四边形，对角线表示的为向量加法所得的向量。学生每次运算向量的加法都需要一个个地画出相对应的平行四边形吗？答案是否定的。我们可以直接将一个向量的尾端位置与另一向量的首端位置平行移动到同一点，接下来再顺次连接后一个向量的尾端位置到前一个向量的首端位置，这样的操作也可以直接得到两个向量的加法所得的向量，即首尾相连。

第二，向量的减法运算。向量的减法运算满足三角形定则，首先将两个向量 $\overrightarrow{AB}$，$\overrightarrow{AD}$ 通过平行移动的方式，使得向量的尾都移动到同一点 A，接下来画出三角形，第三边即表示为向量减法所得的向量。每次得到向量的减法都需要画出平行四边形吗？答案也是否定的。我们可以直接将两个向量的尾端确定在同一点，如果我们的运算是用前一个向量减去后一个向量，那么我们只需顺次连接后一个向量的尾到前一个向量的首，这样就可以直接得到两个向量的减法所得到的向量，即尾指向首。

第三，向量的数乘运算，即 $k \times a = ka$。数乘运算即为一个数或未知数与一个向量的乘法运算，我们学过的乘法运算即为将多次相加的同一个数 a 进行简便转化运算的运算。所以即为将 k 个 a 进行相加，在图像上的表示为将 a 延长了 k 倍，所以最终得到 ka。

2. 向量的数量积运算

实际为两个向量之间的乘法运算。向量的数量积运算在高考中为非常重要的考点，对数形结合思想在立体几何中的应用起到绝对的影响作用。空间向量法即通过建立空间直角系，将所研究的点线面移动到空间直角坐标系内，运用向量的知识来解决点线面不同关系下的问题。

（1）线线问题

两直线平行：则所表示的向量 a 与向量 b 两向量的坐标形式需满足横纵坐标分别成比例 $a=\lambda b$，即此时两向量共线（平行）。

两直线垂直：则所表示的向量 a 与向量 b 两个向量的坐标形式需满足这两个向量的数量积等于零 $a \times b=0$，即此时两向量垂直。

求两个向量之间的夹角：如果要求向量 a 与向量 b 这两个向量之间的夹角，就需要先求出向量 a 与向量 b 运算后得到的数量积，接下来将求得的数值再去除以向量 a 的模与向量 b 的模。

（2）线面问题

在利用空间向量法解决线面问题时，需要先求平面的法向量（法向量就是所有垂直于该平面的向量中的其中一个），首先我们需要先设出法向量的坐标形式为 $\eta=(p, q, r)$。由于法向量是垂直于这个平面的所有向量中的一个，那么法向量就必定垂直于这个平面内的任意直线。我们可以用向量的形式来分别表示出平面内任意选取的三条直线的向量坐标形式，利用"两个向量如果互相垂直，数量积运算结果等于零"这一知识点，列出一个关于三个未知数的三元一次方程组，进而就可以求出法向量的坐标表示 (p, q, r)。

如果直线 a 平行于该平面，那么我们可以先表示出直线 a 的向量坐标形式，再求出这个平面的法向量 η，令向量 a 的坐标表示与向量 η 的坐标求出的这两个向量的数量积等于零。

如果直线 a 垂直于该平面，那么我们可以先表示出直线 a 的向量坐标形式，再求出这个平面的法向量 η，令向量 a 的坐标表示与向量 η 的坐标表示下的横纵坐标成比例。

求直线 a 与这个平面的夹角，首先我们需要表示出直线 a 的向量坐标形式，再求出这个平面的法向量 $\boldsymbol{\eta}$，接下来利用两个向量之间的数量积的逆运算原理，最后求出向量 $\boldsymbol{a}$ 与向量 $\boldsymbol{\eta}$ 的夹角的余弦值 $\cos\theta$。因为这条直线 a 与该平面所成的线面夹角为 φ，而法向量 $\boldsymbol{\eta}$ 与向量 $\boldsymbol{a}$ 所成的夹角为 θ，所以我们可以根据 $\cos\theta=\sin\varphi$，最终求出直线 a 与这个平面的夹角。

(3) 面面问题

我们能够运用到的解题方法和思路都与线线问题极为相似，只不过面面问题研究时是通过两个面彼此的法向量来研究的，但实际所有研究内容都可通过两个法向量的线线问题来求解。

(4) 点面问题

求点到平面的距离是理科高考中立体几何这道大题的常见最后一问问法，我们首先需要设出点到平面的距离为 d，设这个平面的法向量为 $\boldsymbol{\eta}$，设平面外已知的一点 P 的坐标为 $(x，y，z)$。其次我们需要在所求平面任意找到一点 A（以方便计算为参考基准），接下来连接 PA 构成新向量，再将法向量通过平行移动使得其恰好能够穿过点 P。此时法向量 $\boldsymbol{\eta}$ 与已知点 P 的交点为点 O，那么就可以构成一个直角三角形 $\triangle PAO$。在这个直角三角形中，我们可以根据向量的数量积运算得到点到平面的距离公式 $d=\dfrac{a\times\boldsymbol{\eta}}{|\boldsymbol{\eta}|}$（$|\overrightarrow{PA}|=a$）的模。

五、数形结合思想方法在不等式教学中的应用

不等式章节在高考中占据一定的地位，其中线性规划在高考中出现的概率更是十分高，基本每年会出一道线性规划的选择题或者填空题。

在不等式这个章节中能够应用数形结合思想方法来求解或理解的主要问题即是解不等式和线性规划问题：线性规划问题即可以看成是列一个二元一次不等式组来求解的问题，首先需要了解一下线性规划中的一些基本知识点：

一是可行域，即根据不等式组的诸多限制条件画出的可以选取的点所围成的面积的区域。该区域（可以为封闭区域，也可以为开放区域）内的任何点都是这个二元一次不等式组的解。

二是可行解，即根据不等式组的诸多限制条件所得到的可行域内的任何一个解皆可成为这个不等式组的一个可行解。

三是目标函数，即我们需要求的与已知不等式无关的函数。

四是最优解，即根据不等式组的诸多限制条件所得到的可行域范围内能够使得所求的目标函数取到最值的解。

线性规划问题无论是在理科还是文科中都是高频的出题点，不得有失，其出题的形式千变万化，但都离不开以下三种形式（以形解数）：

（一）目标函数为截距型

对于此类问题，我们首先需要将 $z=ax+by$ 转化为 $y=cx+dz$ 的形式，接下来通过题中二元一次方程组给出的限制条件画出其可行域，再在平面直角坐标系中画出目标函数直线 $y=cx+dz$，通过选取限制条件范围内的可行解，确定目标函数直线能够移动的范围。根据图像我们可以知道直线在可行域范围内能取到的所有直线的范围，我们需要找到这些能够形成的所有直线中在 y 轴上取得截距最大的直线与取得截距最小的直线。若 z 前系数 d 为正数，则根据图像在这些直线中能取到的最大截距

的直线所对应的 z 即为最大值，根据图像在这些直线中能取到的最小截距的直线所对应的 z 即为最小值；若 z 前系数 d 为负数，则根据图像在这些直线中能取到的最大截距的直线所对应的 z 即为最小值，根据图像在这些直线中能取到的最小截距的直线所对应的 z 即为最大值。

（二）目标函数为斜率型

这类问题的目标函数形式为 $z=\dfrac{y-b}{x-a}$。我们可以看到此时 z 的表达形式和直线的斜率的表达形式非常相似，就可以把其看成可行域的解到定点的斜率。接下来我们首先需要画出这个不等式组的可行域，其次在平面直角坐标系内标出定点 A 所在的位置以及标明其坐标最后通过选取可行域范围内的可行解，将它们分别与定点 A 进行连接确定斜率，就可以求得这些可行解中与定点 A 形成的斜率的范围。若表达式前的符号为正，则能取到斜率最大值的解即为目标函数的最大值最优解，反之则为最小值最优解；若表达式前的符号为负，则能取到斜率最大值的解即为目标函数的最小值最优解，反之则为最大值最优解。

（三）目标函数为距离型

这类问题的目标函数形式可以分为两种类型：

1. $z=(x-a)^2+(y-b)^2$ 型

我们可以看到此时 z 的表达形式和两点间距离公式的表达形式非常相似。那么教师在教学的过程中首先需要让学生计算并画出不等式组的可行域区域，再在平面直角坐标系内标出定点 A 的坐标 (a, b)，通过选取区域内的可行解分别再分别与定点 A 进行连接，确定这些可行解中与定点 A 形成的距离的范围。若表达式前的符号为正号，那么我们通过图像能取到的距离最大值的解即为 z 的最大值，通过图像能取到的距离最小值的解即为 z 的最小值；若表达式前的符号为负号，那么我们通过图像能取到的距离最大值的解即为 z 的最小值，通过图像能取到的距离最小值的解即为 z 的最大值。

2. $z = |ax+by+c|$ 型

我们可以看到此时 z 的表达形式和我们学过的点到直线的距离公式的表达形式非常相似。那么教师在教学的过程中首先需要让学生计算并画出不等式组的可行域区域，再在平面直角坐标系内画出定直线，通过选取区域内的可行解分别再向定直线作垂线，确定这些可行解到定直线的距离的取值范围。若表达式 $|ax+by+c|$ 前的符号为正号，那么我们通过图像能取到的距离最大值的解即为 z 的最大值，通过图像能取到的距离最小值的解即为 z 的最小值；若表达式 $|ax+by+c|$ 前的符号为负号，那么我们通过图像能取到的距离最大值的解即为 z 的最小值，通过图像能取到的距离最小值的解即为 z 的最大值。

例 15：已知圆 C：$(x+1)^2+y^2=1$，$P(x, y)$ 为圆 C 上的任意一个点，

求：$\sqrt{x^2+y^2}$ 的最大值和最小值；$\dfrac{y-2}{x-1}$ 的最大值和最小值；$x-2y$ 的最大值和最小值。

解析：

第一问：$\sqrt{x^2+y^2}$ 是点 (x, y) 与原点之间的距离，通过阅读题目可以知道点 $P(x, y)$ 在圆 C 上，又因为 $C(-2, 0)$，半径 $r=1$，$\because |OC|=2$，$\sqrt{x^2+y^2}$ 的最大值为 $2+r=2+1=3$，$\sqrt{x^2+y^2}$ 的最小值为 $2-r=1$。

第二问：这一问实际上是求点 P 与定点 $(1, 2)$ 两点连线的斜率。

设 $Q(1, 2)$，$\dfrac{y-2}{x-1}=k$，过 Q 点做圆 C 的两条切线，将 $\dfrac{y-2}{x-1}=k$ 进行整理，

可以得到 $kx-y+2-k=0$。$\therefore d=\dfrac{\left|-2k+2-k\right|}{\sqrt{k^2+1}}$ 的最大值为 $\dfrac{3+\sqrt{3}}{4}$，最小值为

$\dfrac{3-\sqrt{3}}{4}$。

第三问：令 $x-2y=u$，则可以视作一组平行线系，当直线与圆 C 有公共的焦点时，可以求得 u 的范围。最值比在直线与圆 C 相切时取得。这

时 $d=\dfrac{\left|-2-u\right|}{\sqrt{5}}=1$，$\therefore u=-2\pm\sqrt{5}$，$\therefore x-2y$ 的最大值为 $-2+\sqrt{5}$，最小值

为 $-2-\sqrt{5}$。

本章首先从以数助形和以形助数两个角度列举出了一些有关数形结合思想的实际案例，帮助读者了解数形结合思想在高中数学教学中的应用。然后再从整个高中数学教学体系出发，系统地探讨了数形结合思想在高中数学教学中的实际应用，帮助读者建立起完整的数形结合思想框架。通过上面的叙述可以看出，数形结合思想在高中数学领域中的渗透十分广泛，在函数、向量、几何等方面有着强大的应用。掌握数形结合思想方法，有助于学生更好地学习，促进学生数学核心素养的有效形成与发展。

第五章 高中数学数形结合思想教学

第一节 培养高中学生数形结合思想的注意事项

一、运用数形结合思想时应注意的问题

数形结合的思想方法包括以形助数和以数助形两部分，很多问题的解决都是以形助数，也就是画出图像，从图像上来分析和解决问题。可以说，图形是利用数形结合思想方法解题中最重要的一步，图形的画出对数形结合的学习起到至关重要的作用。为了更好地培养学生的数形结合能力，作为教师在教学过程中应该注意以下几个问题：

首先是学生作图能力的培养，必须要能够熟练地绘制一些常用的几何体和一些常见的函数图像。比如常见的几何体：长方体、正方体、四面体等；一些常见的函数图像：指数函数、对数函数、二次函数、一次

函数和反比例函数等。函数图像画出来之后对其变换学生也要熟练地掌握，如图像的伸缩和平移变换，如果函数解析式中只有横坐标或者纵坐标加上绝对值则函数图像又是怎么变化的，函数图像关于对称轴对称的时候是怎么来的等都要很好地掌握。在近年的高考题中，构图能力是考查的一个方面，特别是选择和填空题中，必须先画出图像，才能在图像上找到数量关系。

其次是学生作图精确性的要求，学生在作图时要注意以下问题：

在做题的过程中，要避免因为作图的精确性不强而导致的错误。不能根据"大致"的图形就得出结论，一定要把图形画准确。就比如说一些求交点个数的问题，如果图形不准确，就会导致交点个数多或者是少，从而导致错误。

在做题过程中，要避免因为图像不完整而导致的错误。有些题需要把整个图像都画出来，从整个图像上来发现问题，得出结论。但是有些学生就图省事，只画出简单的一小部分，但是往往一部分的性质并不等于全部的性质，所以就会因为这些原因而出错。

在做题过程中，要避免图形与式子转化的过程不等价而导致的错误。就比如说根号下的式子，画的时候要保证式子有意义，如果不注意这一点，就会导致定义域扩大，从而使画出来的图像与式子之间就不是等价的关系，这样在做题的时候就会出现错误，一定要避免。

最后是应用图像时的要求，图形画出来之后重点就在于应用。在用图像法解题的时候，学生一定要注意仔细地分析观察图像，避免漏掉一些可能的情况。就比如说学生用图像法解决函数与方程问题的时候，有一类题就是求方程的根，这个时候学生可以将其转化成求交点个数的问题，如果观察不仔细就会导致所求的交点个数增多或者是减少，从而造成错误。

由以上的分析可以看出，尽管数形结合是中学数学解题中最常见、最有效的思想方法之一，但是"形"的直观性也往往会导致我们失之偏颇。因此，在利用数形结合解题时，特别要注意图形的精确性、完整性、等价性，确保图形的真实性，不要被"形"的直观所迷惑。只有"形"精确才能更好地为"数"服务。在关注数形结合法解题优越性的同时，也要注意它可能导致的失误，从而达到有效运用数形结合这一思想方法来解题的目的。

二、数形结合思想的局限性

用数形结合的思想方法解题虽然很直观，并且很容易地找到解题的思路，能避免一些不必要的计算和推理，可以简化解题的过程等，但是万物有利必有弊，利用数形结合的思想方法解题也有它的局限性。

第一，运用数形结合思想方法解题的时候，对图像的依赖性是非常高的，图像一旦画得不准确、不完整，就会使解答发生错误（特别是求交点个数、交点的取值范围等题），所以当一些题目中图像不容易画出来的时候，要尽量地避免用数形结合来解题。

第二，在学习数形结合的时候，有时遇到的题目几何意义非常的明显，转化起来非常方便（比如直线、二次函数的抛物线、正方体、长方体等），用数形结合可以相当方便地解答出来，这就会让一些学生认为数形结合是万能的，容易产生思维定式，一些不能用数形结合的题目也生搬硬套地用数形结合来解决，这样就会产生麻烦。

三、在高中数学教学中应用数形结合应遵循的原则

（一）等价性原则

在利用数形结合思想方法解题的时候，一定要注意等价性原则，也就是在转化的过程中，代数和几何性质必须要是等价的。因为有的时候图形是有局限性的，不能完整地表现出代数的性质，这时图形的性质和代数的性质就不是等价的，一定要注意这种缺陷带来的负面影响。就比如说学习空间几何体"球"的时候，画在纸上的图像只能是平面的，虽然看着比较像是立体图形。这样一来从图像上观察出来的球的性质就会和球应有的性质出现偏差，这个时候一定要时刻注意这种差异带来的影响，避免出现错误。还有一种情况就是定义域的问题，画图的时候一定要注意给出的函数的定义域，否则画出来的图形和原题就没有等价关系，这样就会出现不必要的错误。

（二）双向性原则

就是学生在利用数形结合思想方法解题的时候，一定要对图形和代数进行双层次的考虑，既要对几何进行直观的分析，也要对代数进行抽象的探求，如果仅从一方面分析问题就容易出错。

（三）简单性原则

在利用数形结合进行解题的时候，不能为了"数形结合"而数形结合。首先要考虑题目中给出的条件是否可行，用数形结合是否有利于解题。其次，在利用数形结合方法的时候一定要选择好突破口，恰当设参、用参、建立关系、做好转化。最后，利用数形结合方法的时候一定要挖掘题目中隐含的条件，准确界定参变量的取值范围，并且选择转化

的图像的时候也要尽量利用自己熟悉的简单的图像，比如说直线和二次函数的抛物线等。

（四）积极调动原则

数学教学是教师的引导与传授和学生的探索与学习相结合的一种特殊的认知活动。所以，数学教学活动不仅需要注重传道者的主导地位，同时也需要注重学生主体的能动性。渗透数形结合思想作为数学教学环节的主要内容，这需要学生主体切身感悟、练习，自觉运用。虽然教师的引导、讲解、辅导、指点很重要，但是只有学生自觉、踊跃地进入教学环节中，发挥教学主体的能动作用，才能逐步掌握数形结合思想。因此，在教学过程渗透数形结合思想，一定要调动学生的积极性，激发学生的学习兴趣。只有让学生自觉、主动地参与到教学活动环节中，才能在无形中增强运用数形结合思想的意识与能力。

（五）循序渐进原则

学生的认知是从感性上升到理性的过程，是在教师的启发引导下依据本学科的逻辑关系以及学生主体的认知发展规律从感知逐渐过渡为清晰表象、观点、知识与技能和严谨的逻辑思维能力的过程，是头脑中对学习资料不断提炼、巩固、联系以及应用的过程。在教学中渗透数形结合思想同样也要经历"教师引导—逐步渗透—共同总结—学生顿悟"这一启发式传授过程。这就要求教师结合教学知识、学生的年龄、学生的认知发展水平，合理设计教学情境和教学环节，按照循序渐进原则，逐步渗透数形结合思想。

（六）反复渗透原则

学生的认识发展不是简单纯粹的数量级的增长，而是学生内部已有的知识结构不停地重新构建、组织的过程。因此，教师必须在学生不同的认知阶段逐步渗透数形结合思想，让学生通过不断地扩充、运用和巩固知识，使学生养成运用数形结合思想的主动意识。学生在获取新知识时，会结合自身的认知发展水平、所学的旧知识、各种非智力的因素，在大脑中对该数学知识结构在感性认识的水平上经过反复理解、完善、巩固，从低到高逐渐上升到理性认识。而数形结合思想是不可见的概括性知识，因此学生感悟和掌握数形结合思想一般要遵循从形象简单到抽象复杂的认识过程。所以，数形结合思想的渗透具有反复性。

（七）直观性原则

学生的认知活动是以形象思维为基础的，形象直观的知识有助于学生更快地领会概念、定理、公式等抽象的数学内容，通过形象思维描述事物的本质结构，直观地展现其动态发展的过程，这既符合学生的认知发展规律，也有助于学生观察、分析、解决问题，进而调动学习的主动性。

根据表征理论，数形结合思想中的"形"是用直观的几何图形来展现数学元素之间的数量关系的，是一种图像表征。数形结合的内涵就是图像表征与符号表征二者互相转化、联系的过程。所以，在高中数学教学中渗透数形结合思想要贯彻直观性原则，这样不仅能直观、简洁地解决问题，还有助于提高学生的思维转化能力。

根据学生的认知发展规律，直观的教学工具和现代化的教学方法有助于学生掌握新知识，教师在教学中通过实物直观、形象直观、多媒体教学三种直观教具，把图形、声音和文字有效地结合起来，通过多重感觉器官的全方位的刺激，使学生在具体、形象、生动的情境中获取新知识，体会数学知识的美，调动学习数学的积极性和主动性。所以，在高中数学知识学习的过程中，教师要灵活运用直观教具和现代化教学手段进行直观教学，通过动态演示知识的变化过程，展现事物内部的联系，培养学生的动态感，让学生学会用动态的眼光思考和解决问题。因此，在教学中渗透数形结合思想尤其要注重贯彻直观性原则，通过灵活运用直观教具和多媒体技术，进行直观教学，营建一种良好的学习氛围，激起学生自觉学习、运用数形结合思想的主动意识。

第二节　培养高中学生数形结合思想的主要途径

一、提高教师的专业素养

教师只有具备了扎实的专业基础，才能够为学生提供更好的教学服务，从而帮助学生更好地理解数形结合思想，并且在教师的引导下熟练应用这一思想。提升高中数学教师课程实施能力的着力点：一是专业知识要丰富，在应对学生的课堂反应时具有随机应变的能力；二是具有问题意识，能够多角度地深入反思数学课程实施过程中的某些问题；三是与学生合作交流，了解学生的兴趣与需要，除了满足学生求知的需要，还应努力满足学生情感方面的需要；四是与其他教师合作交流，不断地丰富和矫正自己。

如果要做到系统地总结提升高中数学教师课程实施能力的有效途径，还应该考虑影响高中数学教师课程实施能力发展的动力之源。从高中数学教师课程实施能力发展的动力来源看，一方面来自教师之外的发展动力，即环境带来的影响，如国家政策方针的支持、学校的配合、教育专家的指导等；另一方面来自高中数学教师自身的发展动力，即教师的自我完善意识，总结出来的四个着力点基本属于这一方面。

因此，提高高中数学教师课程实施能力就需要针对这两个方面进行相应的努力，既要最大限度地借助外部环境的力量，又要不断地加强教师的自我完善力度。具体建议如下：

（一）利用环境资源提升高中数学教师课程实施能力

高中数学教师课程实施能力的发展虽然是一个个体的发展过程，但是也需要一定的外部力量为其创造适宜的教育环境和学术环境。具体来说，主要通过两大力量：一是正规的师资培养；二是教育专家的指导。

1. 师资培训

在我国，现行的正规教师培养方式主要包括教师的职前培养和在职培训。

（1）高中数学教师的职前培养

教师的职前培养主要存在三种体系：一是定向型的教师教育体系，即一个国家和地区的师资培养是通过设置专门的师范院校对学生进行普通文化科目、专门科目和教育科目、教育实践的混合训练，从而达到特定的培养目标。二是非定向型的教师教育体系，即一个国家和地区的师资培养是通过综合大学、文理学院和其他专门学院附属的教育学院（师范学院）或教育系（科），为想获取教师资格的学生提供教育科目和教育实践训练。三是混合型的教师教育体系，即一个国家和地区的师资培养既有非定向型的方式，又有定向型的方式。我国教师的职前培养主要属于第一种体系。

但是任何体系都不会是完善的，师范毕业生主要存在以下几个问题：知识面狭窄、兴趣单调、不能有效地组织和指导学生的活动、不善于口头表达、不善于板书、不会制作教具、不会运用现代化教学手段等。这些都是师范毕业生课程实施能力发展不足的表现，也说明我国职前教师的培养模式、课程设置和教育实习等方面都存在问题。

在培养模式方面，可以采取师范与非师范专业打通培养的方式。目前我国的师范院校除了设置师范专业外，大都设置了一些非师范专业。对于刚进入大学的高中毕业生来说，对专业的认识尚且不足，很难确定自己的职业取向。因此，可以在学生入学一年或者两年之后再分流，根据其学业成绩、能力发展和个人意愿来选择是否就读于师范专业。我国的一些师范院校也已经开始做此尝试。在课程设置方面，可以增加教育类课程的课时。我国现行的师范教育中，数学学科的课程设置分为三大板块：英语、体育等公共课程；数学分析、高等代数等学科课程；教育学、心理学等教育学科课程。其中，学科课程占总学时数的大部分，而教育学科课程则不足，这就导致师范毕业生缺乏教育理论知识和教育实践，间接阻碍了高中数学教师课程实施能力的发展。因此，在设置课程时要加大教育理论课程的比重，丰富未来高中数学教师的知识结构；要加大教育技能课程的比重，增强未来高中数学教师的语言表达能力、板书能力、运用现代教育技术等能力；要加大教育实践课程的比重，提高未来高中数学教师在教育实践中发现问题、解决问题的能力，为培养熟练的高中数学教师奠定基础。

在教育实习方面，需要保证有效的实习时间。教育实习是未来高中数学教师参与具体教学活动的主要方式，是他们教知识与教技能的演练场。然而长期以来，教育实习流于形式，普遍面临着时间短、质量差的问题，师范生没有在教育实习中得到有效的职前培养。因此，在教育实习中，要增加未来数学教师参加具体教学活动的机会，延长有效实习时间；在教育实习中倡导未来数学教师与在校教师的合作，帮助实习生在在校教师的指导下找出教育理论与教学实践之间的共同点与割裂点，通过在校教师的言传身教和自身体会得到自身能力的发展。

(2) 高中数学教师的在职培训

如果说教师的职前培养是高中数学教师课程实施能力发展的奠基阶段，那么教师的在职时期则是高中数学教师课程实施能力发展的关键时期。教师在职时期不仅需要自我培养，也需要通过在职培训来提高教师的能力。

我国每年各级各类的在职培训很多，但是培训的质量并不是十分理想，主要存在以下几个原因：一是培训模式单一落后；二是培训内容重理论轻实践；三是培训目的流于形式。我国高中数学教师的在职培训主要是由高等师范院校来承担，培训内容与在职培养的内容重复，缺乏连续性；所开设的课程常常与高中数学课程实施的实际情况相脱离，不是所授理论超前于教学实际，就是所授理论滞后于教学实际。另外，很多高中数学教师参加培训的目的仅仅是完成学校的任务，这些都不利于高中数学教师课程实施能力的发展。因此，提高教师在职培训的质量是提升高中数学教师课程实施能力的重要途径之一。提高高中数学教师在职培训的质量可以通过以下几种方法来进行：

一是合理安排在职培训的课程。课程的设置要充分体现对高中数学教师课程实施能力的培养，课程中要包括高中数学学科的发展方向、教材的分析和研究、有效的教学策略等。

二是采用多样化的教学模式。除了班级授课外，还可以采取专题报告、讨论会、集体辅导、外出考察等模式。

三是采用点对点教学。选择教材中的几种教学类型，逐一作为训练对象，其中导入、讲解、概念、变化、演示、提问、反馈、强化等技能，尽量都有所涉及，用录像机记录下来后，培训者与被培训者共同探讨，及时发现的缺点和不足。

2. 教育专家的指导

对于高中数学教师课程实施能力的发展来说，需要教育专家的恰当指导。教育专家的指导在于帮助高中数学教师能够站在理论的高度上，找出教育理论与其课程实施各个阶段能力发展水平的契合点，将教育教学理论转化为实际的教学行为，并对课程实施过程进行及时的回顾和总结。针对不同发展时期的高中数学教师，教育专家指导的侧重点不同。对于教学风格磨炼期的新手教师来说，专家指导的重点在于引导高中数学教师及时总结、提炼自己的教学体会，进而升华为教学理念，逐步发展为研究型教师；对于教学风格升华期的熟手型教师来说，专家指导的重点在于激发高中数学教师的自我意识，及时进行必要的知识更新和观念转变。

（二）通过教师的自我提升来提高教师课程实施能力

任何事物的发展，都是内因在起着决定性的作用。调动高中数学教师的内在发展动力，促进自我发展是提高高中数学教师课程实施能力的关键。高中数学教师的内在发展动力是指教师的自我培养。其主要包括以下几个方面：

1. 培养高中数学教师的自我发展意识

要提高高中数学教师的课程实施能力，培养高中数学教师的自我发展意识是关键。高中数学教师只有具有发展的意识，将课程实施能力发展视为一种需要，才能够有意识地将自己课程实施能力的发展现状与课程实施的需要相比较，并自觉地监控和调节自身的行为，使课程实施外显行为的改变最终达到内在能力的提高。

在课程实施的实际过程中，制约许多高中数学教师的课程实施能力发展的因素就是缺乏发展意识，导致了很多教师意识不到数形结合思想在教学中渗透的重要性。比如，部分高中数学教师不用多媒体教学的原因并不是学校的现实条件不允许，而是高中数学教师缺乏对多媒体这些现代课程资源的认识，只相信"黑板-粉笔"这些传统的资源，认为"多媒体"只是让学生看得高兴、看得快乐，忽略了多媒体教学的其他优点，不喜欢也不愿意在课堂教学中运用多媒体，从而导致自身能力的缺失。

高中数学教师培养自我发展的意识需要通过不断的自我学习来实现。教师通过学习先进的课程理论和教育理论，感受到现实与理论的差距，产生缩短这个差距的欲望，才能具有自我发展的意识，从而得到能力的发展。高中数学教师自我学习的方式有很多种：参加各级各类教师培训；阅读课程论、教育学、心理学相关理论专著；订阅数学教育杂志；下载相关网络资源等。

2. 培养自己与他人的合作能力

高中数学教师经常与他人合作交流，可谓益处多多。与其他教师进行合作交流一方面可以借鉴他人的教学经验，从而解决自己在课程实施过程中遇到的问题，把他人的经验内化为自身的能力；另一方面可以聚合集体的智慧，获得新的体验，使大家得到共同发展。此外，教师与学生进行合作交流既可以了解学生的发展现状，又可以了解学生对教师的能力要求，更加明确课程实施能力中各能力要素的发展方向。

不同职称的高中数学教师设计课程计划的能力存在边缘性显著性差异；不同性别的高中数学教师调整课程计划的能力也存在着非常显著的差异；不同学历的高中数学教师在使用导入策略上存在非常显著的差异；具有不同教龄的高中数学教师对自身的监控能力的差异处于边缘性显著。存在差异，就说明存在能力提高的空间，而教师间的合作正是一条缩小空间、提升高中数学教师课程实施能力的有效途径。系统地说，教师间的合作关系可以分为纵向合作关系和横向合作关系两大类。纵向合作关系是指同一学科下不同性别、学历、教龄、职称的教师之间的合作；横向合作关系是指学科间教师的合作。因此，高中数学教师在培养自己与他人的合作能力时需要注意以下两点：

一是与其他教师合作时要勇于打破性别、学历、教龄、职称等界限。专家型教师的协助有利于新手型教师的成长，有利于受帮助教师教学能力的提高。正所谓"尺有所短，寸有所长"，良好的合作行为有助于个体的成长。因此，高中数学教师在与他人合作交流时要排除等级思想的干扰，从不同类型的同行身上汲取发展的养料。

二是与其他教师合作时勇于打破学科的界限。由于长期受到"分科"教育的影响，部分高中数学教师仅仅把数学教师当作自己的合作对象，而忽略了其他学科的教师，但是有时候学科间教师的合作更能碰撞出智慧的火花。比如，理科教师在认识一个问题时更注重问题的前因后果以及因果之间的逻辑关系，而文科教师可能更注重问题中的道德伦理，如果高中理科数学教师在解决课程实施过程中出现的问题时借助于文科教师的思想，或许问题会解决得更加合情合理。

3. 培养自我反思能力

高中数学教师的反思能力不仅包括教师对自己过去的策略、行为及其结果进行反观和思考的能力，还包括教师在反思教学的内容和结果、分析其背景知识的过程中，提出解决问题的假设并在实践中不断地检验和修正的能力。因此，高中数学教师的反思不仅是对以往经验的反思，而且是产生新的课程计划与实施行为的依据，这必然会促进高中数学教师课程实施能力的提高，更直接影响了教师在数形结合教学中的态度。

高中数学教师在培养自我反思能力时可以寻求以下几点作为突破口：

一是反思是否深入全面。课程实施过程中充满了矛盾和问题，高中数学教师只有真正认识和解决这些矛盾和问题，课程实施才能有效进行。然而，这些矛盾和问题不会自动地暴露出来，往往隐藏在一些看似正常的教学活动之中，或者表面问题的背后才是真正的矛盾所在。但是在实际的教师合作过程中，很多教师只认识到了与他人合作的重要性，而忽略了背后的问题，如"为什么其他教师的方法可以缓解他与学生的关系，这与高中生的心理特点有哪些内在联系"等。因此，高中数学教师在进行反思时要多问自己"为什么"，根据问题中的逻辑关系去寻求关键矛盾，并探究解决矛盾的方法。只有这样，高中数学教师的反思能力才能得到不断发展。

二是反思是否具有理论依据。高中数学教师在反思时应该寻求先进的理论做指导，而不仅仅是个人经验无意识的积累。这样做，一方面可以避免高中数学教师反思时的盲目性，做到"有理可依"；另一方面有助于高中数学教师教育理论的有效内化，从实践中找到理论的支撑点，从实践中找到理论的困惑，并从实践中解决这些困惑，缩短理论与实践之间的差距。因此，高中数学教师的反思要以理论为依托，对反思问题形成理性认识。

三是反思是否具有实践意义。高中数学教师的反思是开始于教学实践，并终于教学实践的，反思的成果最终要靠实践来检验和修正。因此，高中数学教师的反思要针对自身的教学实际进行批判借鉴，把反思成果融入自身的教学实践中，进而形成自己的教学特色。

4. 培养自身的教育研究能力

高中数学教师培养自身的教育研究能力实际上是倡导高中数学教师由教育者向研究者转变，高中数学教师"在教育中研究，在研究中教育"，既可以提高高中数学教育活动的有效性，也可以提升高中数学教师的课程实施能力。高中数学教师培养自身的教育研究能力，首先需要了解教育研究的目的，其次要了解掌握几种教育科学研究方法，最后是能够熟练地运用这些研究方法进行教育科学研究。目前，高中数学教师常用的两种教育研究方法是行动研究和叙事研究。

行动研究直接指向教学实践，是高中数学教师对自身教学行为所进行的探究和思考。行动研究基本上是一个"发现问题—解决问题"的过程，通过研究和行动的双重活动，将研究成果直接应用于教学实践、改进教学，丰富行动策略，提高行动效果。叙事研究是一种特殊的研究方式，它不直接定义教育是什么、教育应该怎么样，只给读者讲述一个或者几个教育故事，让读者从故事中寻找其中蕴含的道理。高中数学教师在叙述自己故事的过程，实际上就是在研究、反思自己的教学活动。通过自身教育研究能力的提高，高中数学教师能够更好地观察到高中数学数形结合的实施中存在着的问题，并深入思考其教学价值，提出有教育指导性的教学策略。

二、加强信息技术在高中数学教学中的应用

数形结合思想的学习要经过"感受认识→应用巩固→总结内化"这一长期过程。因此，结合渗透数形结合思想的教学原则，高中数学教师应运用多媒体技术渗透数形结合思想。在实际的操作教学中，教师借助一定的信息技术向学生传播数学知识，引起他们行为变化的活动，有助于帮助学生实现数与形之间的有效转变。从20世纪90年代起，随着社会的不断信息化，信息技术已经成为中小学课堂中的常见教具，它的使用转变了以往枯燥的教学形式，使索然无趣的数学课堂充满欢声笑语。

根据建构主义理论，在学生主动建构知识的过程中，教师使用多媒体技术把图形、文字和声音结合在一起，通过形象、直观、生动的知识，吸引学生置身其中，全身心地参与教学互动环节，调动他们的积极性，这样更有助于学生的学习。

依据表征理论，数形结合思想中的"数"就是用数学符号或者文字来展现数学问题，是一种符号表征；而"形"则是用直观的几何图形来展现数学元素之间的数量关系，是一种图像表征。数形结合的内涵就是

图像与符号表征二者相互转化、联系。所以，借助信息技术强大的图形以及代数转化功能来渗透数形结合思想可以使教学效果事半功倍。

（一）信息技术在高中数学教学中应用的原则

当前的高中数学教学应用信息技术过程中还存在着较多的问题，笔者结合实际的问题以及对学生数形结合思想的培养目标，归纳总结出信息技术应用于数学教学时应遵循以下基本原则：

1. 科学理论为指导的原则

要想把信息技术有效地应用到数学教学中，高中数学教师必须要以先进的现代教育学理论作为指导，从而避免盲目地应用信息技术，使信息技术的应用区别于传统教学中的教学方式与学生学习的被动方式。把信息技术运用到数学教学中并不只是单纯地把现代信息技术手段运用到教学的过程，它更是今后教育教学领域改革与发展的方向。信息技术应用于教学实践时，要充分运用"学与教并重"的教学理念去设计课堂教学环节，这样才能保证信息技术的应用具有先进性与正确性。

2. 选择性原则

信息技术应用于数学教学就是为了能够更容易让学生学会知识，因此教师要会根据教学内容选择适当的策略。由于教师自身技术水平的限制和教学实际情况的不同，要求教师要深入了解本节课教学目标，理清教学重点和难点，合理地选择数学知识点作为信息技术教学课件的题材。比如，教师在讲定义与例题时不适合使用信息技术，最好还是板书教学，这些内容长时间留在黑板上更有利于学生掌握新知识。当教师讲曲线方程、三角函数、算法、立体几何等内容时利用多媒体课件可以发挥出信息技术的应有优势，引导学生对其中涉及的数量关系和图形进行全面的分析，达到培养学生数学思想的目的。

3. 具体与抽象相结合的原则

由于数学具有其他学科所没有的高度的逻辑性与抽象性的特点，教师在教学时应当充分利用信息技术及教学软件把具有高度逻辑性与抽象性的数学知识转化为直观的、具体的教学内容。比如，在讨论正弦函数的性质时，很多学生不理解三角函数随着角度的伸缩变化所产生的图像变化情况，因此教师可以利用动画软件或超级画板作为教学平台，作出普通的三角函数的图像，再通过变化不同的角度让函数图像随之发生变化，学生就可以直观地观察出角度的取值与三角函数图像伸缩性的变化规律，从而很容易地掌握三角函数的性质。信息技术还可以再现数学知识产生的过程，教师在进行信息技术教学时，让学生尽可能多地去经历发现问题和解决问题的过程。比如，在学习解析几何时，要让学生经历从平面几何到立体几何的过渡过程，再由立体几何的数的运算过渡到向量的运算的过程，这样学生的认知水平才能与教学内容相适应，让每个学生都能体会到学习数学的乐趣，从而帮助学生建立起数量关系与代数之间的联系。

4. 师生交互式原则

要想上好一堂课，离不开师生之间的互动。数学教学活动中，师生交互式原则要求教师将预先设计好的信息技术课件控制按钮与预先设计好的师生互动问题相互融合，在教学活动中能通过课件的进度合理紧凑地向学生提出问题，师生协作共同分析问题、解决问题。在教学过程中，教师要及时地监控学生掌握知识的程度。教师在教学时要做到合理调整进程，通过操作课件相应的按钮来进行调整，既重视了学生的学习感受，也会使教师、计算机、学生达到一种平衡，形成了一个交互平台。和以往教师所采用的缺少动手计算、学生猜想讨论等环节的播放课件相比，交互式教学会使课堂气氛更加活跃，学生学会的知识也会更多、更扎实。

5. 与传统数学教学相结合的原则

信息技术的使用改变了传统的教学方式，在数学教学中发挥出它特有的优势。但是，信息技术应用于数学教学并不意味着和传统的数学教学相互对立。比如，在学习双曲线时，利用超级画板就会更容易使学生理解双曲线的定义，在观看超级画板所演示的图像变化后所进行的标准方程的推导中，学生在视觉上暂时停留在双曲线的图像上，不会推导其标准方程，难以把表象的知识转化为理性的认知。而传统的教学板书则可以弥补这些缺陷，学习内容可以被较长时间地展现出来，这将对学生的认知与构建知识脉络起到重要的作用。而且很多基本的运算、代数式的变形和变换、解方程、逻辑推理、数学证明等知识的学习，还是需要传统基础的教学。因此，信息技术和传统的基础教学之间也要达到一种平衡，做到相互促进，在数学教学中将它们有机地结合起来，并合理地设计与搭配，达到最好的效果。

6. 批判性原则

信息技术种类繁多，而且它的使用很好地支持了数学教学，对数形结合思想的渗透起到了重要的帮助作用。但是信息的技术手段也有自己的不足和缺点，如存在图形计算器放大后使离散的像素变低等缺点。所以，教师在教学过程中不能过分地依赖于信息技术，要善于使用批判性的眼光看待问题。这就要求教师了解信息技术的优缺点，选择合适的信息技术用于辅助数学教学。

(二) 应用信息技术的警示

第一，教师要正确认识新课改对信息技术应用的要求。新版课程标准中给出的教学建议是，恰当运用现代信息技术，提高教学的质量。教师要知道"恰当"的度，信息技术并不是教学的最终目的，其是能够学好数学的一种辅助手段。教师在应用信息技术进行教学时，要以学生能够全面地认识数学知识为目的而展开教学活动。比如，教师在讲授算法初步这部分内容时，要注意在教学中把信息技术与算法法则相结合。

第二，教师应用信息技术不能只为了好教而忽略教好。在信息技术应用的实践中，通常教师习惯于使用信息技术作为展示教学内容的工具，而忽视了要提高教学效果和水平。比如，很多教师误以为信息技术的应用就是为了减轻教师每节课大量板书所带来的负担，尤其是很多复杂的作图和计算步骤。而事实上，信息技术是要为教师提供方便，这只能算是信息技术教学效能体现的其中一个方面，把信息技术应用到课堂教学，是要为教师的教与学生的学这两个方面服务的。信息技术不仅要成为教师教学的工具，更要成为学生提高自己认知水平的重要工具。

第三，教师要不断提高信息技术应用理论素养。教师决定着教学的设计与实施，因此只有教师合理高效地利用信息技术才能开发出有利于学生学会知识、积极探索知识的教学资源。这就需要教师具备在信息技术环境下对教育资源的设计、开发与使用的能力。教师要具备在教学中准确找出信息技术与教学内容的结合点的能力，比如，在学习立体几何中的柱、锥、台的概念时，需要让学生的思维从平面几何过渡到立体几何，对于这一点教师在教学时就可以利用信息技术来呈现出这个变化过程。

第四，注意信息技术应用的效能，不要为了应用而应用。数学教学中提倡使用信息技术，并不意味着教师在数学教学时一定要应用信息技术，而且并不是所有的数学知识都适合使用信息技术。教师要时时注意信息技术的使用是否能把传统教学中难以讲清的知识点部分变得易于理解和接受。事实上，还有一部分新教师，由于参与教学的时间短，对高中数学教学理念的认识还不够深刻，把握不住应用信息技术的尺度，对于很普通的教学内容，也会使用各种华丽的信息技术，这样可能会得到相反的教学效果。

第五，教师不要忽视教学中学生的主体地位。教师在教学中要始终以学生为主体。教学就是为了让学生进行有意义的知识建构。在多媒体辅助教学中，教师应把握教学的时间，这样才能有更多的时间了解学生对知识的掌握程度。在教学时教师也要和学生进行互动与交流，这样课堂教学才会活跃起来，让学生充分发挥自身的主体作用。信息技术的应用是为数学教学服务，而非数学教学的全部，教师在上课的过程中不要忽视了学生的主体地位，否则就会得不偿失。

第六，不要过度追求外表的华丽而忽视教学质量。在数学教学中，很多教师过多地追求多媒体课件的"外在美"，而有时华丽的多媒体课件会对学生的注意力产生不必要的干扰。为了让教学课件变得有个性，部分教师把一些课件背景设置得五颜六色，很多学生无法看清楚课件中的字幕，从而扰乱了学生的学习思维。教师要更多地重视信息技术的演示、说明、传授知识的功能。还有些教师在使用信息技术时，往往注重于演示过程，而忽略了数学教学方法和贯穿教学的数学思想，这会导致学生只会模仿做题，领悟不到数学思想与本质。

(三) 信息技术在高中数学数形结合教学中的教学流程

信息技术在高中数学课堂上所采用的教学模式已经日趋成熟，以下是较为具体的教学流程：

1. 课前准备

好的开始是成功的一半，备课实际上是一节课的开始。备课工作是高中数学教师的日常工作中必不可少的一部分，也是教师能否上好一节课的大前提和关键点。备课一般意义上是指在教师在进行实际教学之前，首先对于学生已有的知识有所了解，并且结合这些已有的认识，在一定的知识框架中投入时间、精力等，结合学生个性的因素，充分考虑到学生的储备知识和吸收能力，兼顾学习的重点和难点，进而形成有意义、有创意、有实效的教学设计。数学课程的备课，尤其要注意以下几个方面：

第一，深入研究教材内容，广泛了解所教学生。数学教材由于其本身的抽象性和严密的逻辑性，学习难度和阅读难度相对较大，教师的讲解是至关重要的。因此，教师要充分认识到，教材是展开教学活动的源头，是教师从事授课活动和与学生之间进行数学互动的主要信息来源。教师是使用教材进行行之有效的教学，而并非教授教材本身。所以，高中数学教师在进行教学的过程中，首先要充分吃透所教的内容，对内容进行解析，充分领会所教教材内容在编写时的意图，掌握其中涉及的数形结合思想方法，进而结合数形结合思想的培养目标，形成行之有效的教学设计。因此，教材研究是教师深入浅出地讲解和教授的前提，是有创意地进行教学的根本所在。与此同时，教师要结合学生个性化的学习状态，了解所教学生的生理因素和心理因素，结合学生已有的数学学习水平，进而形成有效的、有针对性的教学方法和手段。这正是新课程改革提出的"学生为中心"的落实需求。只有把学生置于我们教学的出发点和归宿，才能够真正使学生发挥其主体作用。

第二，学贵有法，持之以恒，融会贯通。因为教学中所讲授的课程是分散的，每节课有其本身的教学目标和教学达成的评价机制，所以教师应该针对不同的教学内容采取不一样的教学的手段和方法。随着信息技术的不断融入，我们的教学形式越来越多样化。但是，在教师看来，真正行之有效的教学手段和方法是以学生的数学素养的提高、学生数学知识体系的形成为评价的目标。因此，学贵有法是指，教师在教学过程中可以采用信息技术兼容的多样化的教学方法，同时也要注意学生自身素养的养成。另外，也要坚持好的传统的教学手段和方法，学会融会贯通，不盲目追求新颖，也不因循守旧，注意不同内容之间的有效融合。同时，不同的课型选取不同的教学方法，既要使得内容丰富，学生易于接受；也要精彩纷呈，适应学生的认知水平和需求。

第三，教学重点、难点要兼顾。每本教材的重点章节不同，而每个章节的重点内容不一样，并且在教材中的地位也不一致。新课程标准对于一些知识分为了解、掌握、运用等不同层次。因此，作为教师，我们要对于所教的内容本身的评价指标有比较深入的研读，要充分了解课程标准的要求，对于所教的知识的重点和难点的安排与考查十分明了，这样在课堂上的处置才会重难点分明，详略得当。

信息技术因为其本身的强大功能，在备课的资料选择方面给我们日常的备课提供了很大的便利。互联网的庞大的网络资源给我们打开了一个崭新的窗口，教师可以在互联网上任意"定制"自己所需要的备课素材、上课用的演示文稿、考试用到的试卷等资源。与此同时，一些网站和网络平台还提供了线上和线下的交流，一些活动，譬如"千人同备一节课"，可以给我们展示不同思维碰撞出来的火花，进而帮助我们行之有效地备好一节课，完成我们课前的准备工作。

2. 创设情境，提出数学问题

"创设问题情境，就是把需要学习的数学内容用问题的形式巧妙地寓于各种生动具体的情境中，引发学生的认知冲突，激发他们的强烈的学习愿望，使学生的注意力、记忆力、思维凝聚在一起，从而更加积极主动地投入探索性学习活动中去"[①]。教师创设情境进而去施教，主要是起到"投石问路"的效果，通过问题的"石子"，去碰撞学生思维的"海洋"，进而引发学生对于数学问题的关注，激起他们对于相关问题的思考和讨论，调动思维，从而提升他们对于数学问题的参与热情，培养学生对于未知事物的勇于探索和创新的精神。与此同时，高中学生的思维已经处于相对成熟的水平，但是缺少较为深刻的逻辑思维能力，其思维方面具有一定的片面性。譬如在椭圆的教学中，在引导学生对椭圆的性质进行研究时，教师可以首先对椭圆中的短半轴的由来进行设问，从而引出短半轴的定义，帮助学生理解抽象的概念。层层推进的提问方式，符合学生的认知规律。"不愤不启，不悱不发，举一隅不以三隅

---

① 黄学立.如何创设有效的问题情境 [J] .云南教育，2007（Z1）.

反，则不复也"①，这正是引导学生展开探究性的学习的精妙所在，也是学生能够通过学习感知数学的逻辑思维之美的本质所在。

高中数学教师借助于信息技术展开数形结合思想的培养教学，使得教师能够从粉笔中脱离出来，借助于信息技术的强大的绘图功能，摆脱烦琐的绘画图形过程，让学生可以从动画演示中发现函数的变与不变的思想，通过仿真模拟，对于抽象的数学定义有了较为直观和深刻的认识，创设了多样化的教学环境，调动了学生的形象思维，提升了学生的参与度，同时激发了学生的学习兴趣。

3. 教师引导讲解

凡事谋定而后动，教学也理当如此。但是学生在学习数学知识的时候由于其本身对于知识的抽象性和深刻性理解不到位，因此会导致对于一些知识掌握得片面或狭隘的问题。因此，高中数学教师在日常的教育教学过程中要注意合理引导，有针对性地去安排所教课程。比如教师在讲"二次函数的再研究"一节的时候，可以借助多媒体，对于学生所学习的抛物线的相关知识予以提前展示，同时，观察函数相关的对称性、最值、单调性、值域等与二次函数密切相关的量，让学生有针对性、有计划性地参与到课程学习中去，同时引导学生进行积极探索，得出相关结论，并将得到的结论进行进一步的延伸。这样使得学生成为学习探究的主体，使学生产生"身临其境"的感受，而不是"隔岸观火"，使其成为学习的主人。这样学生和教师在一定的学习手段和教学工具的帮助下，完成一节课的学习。

---

① 蔡万刚.子曰："不愤不启，不悱不发，举一隅不以三隅反，则不复也"在教学上的启示 [J] .东方藏品，2017，000（002）：137-137.

4. 互动探究

"独学而无友，则孤陋而寡闻"，高中数学的教学也正是如此。对于数学中一些要求相对较高的知识点或者公理定理等，由于学生的认知还不够深刻，因此教师在讲解的过程中，不妨把相关知识进行拆分，同时让学生进行分组协作学习，通过相关的自主学习手段，达到教学目标。这样不但可以使得学生分析问题和解决问题的能力得到一定程度的提升，还可培养学生良好的小组合作能力，帮助学生之间建立起深刻的友谊。在这个过程中，信息技术可以为学生提供交流平台和背景资料查询，既可以解决教师位置调动不便的问题，同时也可以通过学生相关的研究性学习，达到对相关问题的深入研究。

5. 归纳与反思

学生的自我归纳和教师的自我反思是教学过程中不可缺少的环节。因为学生的自我归纳会使得学生重新梳理所学的知识，使得在学习过程中产生的"夹生饭""得以消化"，并且可以更好地完成所需要做的练习。而教师的自我反思则是教师专业发展的必备"利器"。教师的自我反思使得教师不仅反思自己的教学过程，还可以通过录制视频等方式，让学生或同事等一起评价自己的教学行为，纠正教学过程中出现的各种问题，从而不断地纠正自己教学中存在的问题，在教师职业化的道路上走得更加稳健，在培养学生数形结合思想方法这一目标上，也能够提出更有建设性的建议。

（四）较常见的信息技术背景下的数学课堂教学模式

1. "传统课堂+"模式

"传统课堂+"模式又称为演示型的教学模式，其适用性比较广泛，是在现行的传统课堂的基础上，通过演示文稿的形式来执行教师日常在黑板上板书的内容，同时在这个过程中又添加了图片、声音、动画等，对于更好地促成学生对于一些比较难认知的抽象概念或者图形的认知有很大的帮助。比如在讲到函数的性质时，会涉及函数的奇偶性、对称性和图像的翻折平移变换等相对抽象的概念，此时就可以依据教师的演示文稿所展示的动态的图像或者图片，使抽象的数学问题具体化、形象化。这样会省去教师对于一些难以绘画的图像的绘制步骤，让教师有更多的时间去做其他的准备，同时也给学生展示更多生动形象的内容，有助于学生数形结合思想的形成。这种"传统课堂+"的模式主要是在教师演示文稿的引导下，让学生思考，借助信息技术对一节课的知识点进行较为详细深刻的剖析。

"传统课堂+"教学模式与上述的基本流程比较接近，主要分为以下六个步骤：第一步，教学设计和课前准备。第二步，旧知复习，新知设问。对于之前学生学习过的知识进行有选择的回顾，加深印象，同时对于关联知识进行设问，为学生新知学习打下基础。第三步，情景展示，新课引入。第四步，新课讲授。第五步，随堂练习。第六步，小结评价，作业布置。

2.互助探究型学习模式

互助探究型学习模式是指，在日常的教学过程中，教师提前预设教学相关的问题和情境，以学生为中心，让学生进行充分的自主学习和互助探究，以此为主要的手段，围绕某一个或者几个相关问题的变式进行质疑、探索、争论，直至最终形成一定的解决问题的公认方法或者公认的模型的一种方法。其实施步骤如下：第一步，巧妙设置疑问，创设问题情境。第二步，预设争辩问题种类，及时增加所争辩问题。第三步，引导个人和小组进行系统归纳总结，陈述发言。第四步，在教师引导下对于相关问题形成统一性的解决方法，并且对于相关解法进行规范性的指导。第五步，反思评价，对表现突出的小组和个人进行表扬。

3. 研究性学习模式

研究性学习模式区别于互助探究型学习。研究性学习是指学生在教师的指导下，从教材的研究性学习材料或者日常社会生活中选取并确定研究相关的专题，主动地应用所学知识，解决实际问题的学习活动。研究性学习充分地体现出了数学的实践性，其模式的内容体现在生活的方方面面，不仅仅局限于教材，突出点是对于所学知识的关联性和实际的应用性。学生通过这种实践研究的形式，在一定程度上构建教材和实际问题的一种关联，进而培养学生应用所学知识去分析问题和解决问题的能力，并且形成较强的科研精神与创新的能力。其一般步骤如下：

第一步，提供选题相关的材料。研究性学习所确立的是新的课题或者项目的一部分，但是高中生对于研究性学习还处于起步阶段，因此教师需要做一些工作，主要有以下几个方面：

首先，在充分理解教材知识的基础上，对于教材中和教材外的和高中知识相关的延伸学习的材料有足够的储备，同时及时地引导和向学生展示相关的课题选择的意义和材料，使得学生增加对于研究性学习的兴趣与关注。

其次，教师辅助学生自主运用计算机和手机等终端工具，让学生熟悉计算机常用软件的操作，提升学生对相关材料的关注度和搜集能力。

最后，能够合理把握选题和组织材料的时间。学生组织材料的时候能够把握好时机，让学生选取适合自己的题目，同时要及时纠正学生在选题之前、之中、之后出现的一些问题，并且给予恰当的指导。

第二步，选题确定。对于选题所涉及的维度和深度有一个比较明晰的把握，同时对于学生选题的内容的意义有一定的评估，教师和学生一起，甄别选题中存在的问题，确定选题。

第三步，研究方案确定。针对选题的内容有一定程度的不确定性，教师在指导学生选题的时候要对选题进行有效度的测验，这样学生在选题的时候，出现的一些偏差会得到有效的规避。同时，本阶段的研究方案的确定还要注意方案的有效性与时效性。选题既要在一定范围内有意义，同时也要和学生所处的年级、学生已经获得的知识息息相关，不可过高或者过低，这样有助于激发学生对于选题的热衷。另外，方案也应该突出团队协作的作用，为选题提出建设性的意见。

第四步，选题实施阶段。在这个阶段，学生会遇到技术上、知识上以及数据处理上的一些问题，教师应该及时地询问并且提供帮助。对于涉及的相关数学知识，除却理论上的论证指导之外，还应该引导学生正确使用电子计算机，发挥电子计算机的运算和搜索能力，使得学生在网络上获得第一手的资料，并且通过信息技术及时与教师进行沟通交流。

第五步，撰写报告。报告的形成需要相关数据处理的一般方法，在这个阶段教师应该及时提供相关的帮助，从而促使学生对于所形成的报告的相关材料进行整理和预加工，培养学生对于信息的搜集和处理的能力，并且形成一般的方法。

第六步，研讨交流。教师应该引导学生及时进行互动交流，同时引导学生对于相关问题的延伸部分进行有范围的思考，并指导学生形成一定的可供展示的模板，用结构图或者是信息技术形式的展示，提高学生对于信息技术的应用能力和对于知识的建构能力。

第七步，反思与评价。对于高中生而言，成果评价是初次的实践结果。初期的研究性学习是宝贵的，因此教师给出的评价应当是保护性的评价方式，肯定团队的协作能力、对问题的归纳概括能力等，以肯定性或者激励性的评价为主。

（五）信息技术在高中数学数形结合思想教学中的应用策略

现代信息技术辅助高中数学课堂教学是一项艰巨的任务，新课程标准提倡信息技术要逐步改变教师的教学方式和学生的学习方式，让教师更加有效地教学，呈现以往数学教学无法呈现的内容，让学生在直观形象的教学中理解数学概念，促进学生数学思想方法的有效获得。在国家新课程改革不断深化的前提下，广大教育工作者更是要正确理解新课程标准关于信息技术辅助数学课堂教学的理念，提高自身的课堂教学效率，积极引入信息技术，与数学课程进行整合。随着社会的快速发展，社会中的竞争将越来越激烈，中华民族如何站立于世界民族之林，将考验着我们每一个中华儿女。信息技术的爆炸式发展，一方面为教育更好地发展提供了机遇，另一方面也是对传统教育的冲击。因此，把传统教学与教育信息技术有机地结合起来，既能大量丰富教学和学习资源，又能把数学知识的发生过程与信息技术整合起来，让教师更好地教，让学生更好地学，是落实高中数学对学生数形结合思想培养的关键途径。

现代教育信息技术辅助高中数学课堂教学应该是把信息技术科学合理地融入数学课程当中去。信息技术的特点是形象生动、覆盖面广、资源丰富和高效直观，从一定意义上来说，信息技术的优势打破了传统数学课堂教学的局限性，改正了一些传统教学的弊端，更能激发学生学习的积极性，培养学生自主探究和合作学习的能力。现代信息技术为数学课程改革提供了有力的技术支持。

1.借助信息技术创建数学情景

前面已经提到了，影响高中学生形成良好数形结合思想的一个关键因素就是兴趣，而高中数学与初中、小学数学不同，其具有知识内容量大、概念抽象和公式较多等特点，如果学生只靠教师的讲解，有时会有一定的理解难度，在其后的运用上就会大打折扣，也很难形成良好的学习兴趣，从而给数形结合教学带来较大的困难。而如果借助现代教育信息技术就可以创设一定的数学情景，把高中数学中抽象的内容形象直观地展示出来。在多媒体的课堂上，教师通过信息技术的支持，把声音、图像和动作融入课程教学内容中去，让学生调动全身多感官投入数学课堂学习中去，激发学生热情。

例如，在"数学归纳法"的教学中，教师可以借助信息技术支持来展示多米诺骨牌效应的直观画面，让学生有兴趣去思索教师提出的问题，如"如果把多米诺骨牌之间的间隔放大，让一个牌倒下了却碰不到下一张牌，那么还能不能完成多米诺骨牌效应呢？为什么？""如果把多米诺骨牌都排列得很好，但是不推倒第一个牌，还能不能看到多米诺骨牌效应呢？为什么？"。

学生在思索后积极回答教师提出的问题时就已经把握住了数学归纳法的精髓，即要运用数学归纳法就要满足一个条件成立必然能推出下一个条件也成立；运用数学归纳法第一项条件必须成立。这样学生就能在不知不觉中体会到数学的逻辑之美，让学生在兴趣中学习，课堂效果更好。

2. 借助信息技术辅助教学，增加课堂容量

高中数学相比小学初中的数学内容而言是比较抽象的，学生往往对抽象的概念理解不了，进而导致后面的巩固练习也无从下手，更谈不上运用了。借助信息技术，教师一方面可以向学生展示以往传统教学无法展示的内容，让学生更加形象直观地了解知识概念；另一方面，可以引导学生探究数学本质，在一定程度上让学生经历知识的"再产生"过程。

例如，在三角函数 $y=A\sin(\omega x+\varphi)$ 的图像平移变换教学中，传统教学模式中教师只能通过改变参数的简单取值和五点作图来揭示函数 $y=A\sin(\omega x+\varphi)$ 的图形变化中的性质，其图像是静态的和简化的，但如果借助信息技术中的几何画板来演示的话，教师只需改变参数的数值就可以得到详细的图像，而且图像变换也是动态演示的。学生在参数变化图像也随之改变的动态演示过程中可以很清晰地看到本节课所要讲授的数学性质。教师节省了大量的课堂时间，这样教师在进行新课改要求的合作探究、分组讨论时更加从容和循序渐进。教材在编写时或多或少会受到一些限制，充满鲜明的时代气息的数学素材有时没有及时在教材中得到体现，而且学生所用教材是人类知识经验的浓缩，具有较高的抽象性，如果仅仅靠教师通过黑板板书的讲授，并不能使学生很好地理解和接受，所以就需要信息技术与数学课程进行整合。教师可以利用信息技术，根据教学实际情况，将不同的教材整合在一起，充分利用教育资源，提高教材在课堂上的使用质量，贴近生活，促进整合课程资源，扩大课堂容量，挖掘教材，突破教学重点和难点，更快、更好地实现数形

结合思想的渗透教学。

3. 加强多媒体课件和几何画板在数学课程中的运用

多媒体课件一般多应用于高中数学中四个方面的内容，即数与代数、统计概率、空间图形和综合应用。在数与代数的教学中，借助多媒体课件可把许多函数概念的教学变得更加直观形象，学生也更容易理解。在空间图形的教学中，多媒体课件的用处更大，其克服了传统教学中空间图形不直观、静态展示无法演示动态的平移变换等问题，大大开阔了空间图形教学的视野，丰富了其手段。在高中阶段学生开始真正接触空间立体几何和抽象的图形变换，但传统教学中教师没有条件去展示空间图形中的动态变化，单纯依靠讲授是无法让学生理解的，而借助于多媒体课件，教师就可以演示空间图形的抽象变化，减少了教师很多的负担。在统计概率和综合应用中多媒体的用处也是非常大的，它既能解决统计概率中数据难处理、计算繁杂的问题，又能在综合应用中把多个方面的知识整合到一起，让学生能感受数学知识在实际生活中的应用。

几何画板与数学课程的契合也是很高的。高中数学知识比较抽象，空间立体图形也要求学生具有较高的空间想象能力，借助几何画板和数学课程整合，教师不再像以往传统教学那样只能依靠黑板板书、教具模型等手段来展示，而是可以通过文字、声音、影像等手段来展示的数学概念、函数图像、空间图形等，让学生在兴趣中养成积极思考、善于发问的习惯。几何画板在课堂中的动态演示可以使数学知识更加直观化和形象化，推导过程更有层次感和逻辑感，改变以往教学中只重视概念和公式的应用，却忽视概念和公式的理解与产生过程的弊端，让学生知其

213

然，也知其所以然。在经历概念和公式的产生过程中，学生能更加理解课堂所教授的数学知识，在应用中就不会一知半解、毫无头绪了。

4. 更新理念提高信息技术素养，恰当使用信息技术

现代教育信息技术是社会科技发展的产物，是以往传统教学中所没有的，因此教师要更新理念，正确理解新课程改革对信息技术与高中数学课程整合的要求，另外也要充分认识到信息技术在数学课程中的重要性。一方面，信息技术与高中数学课程整合是不可违逆的必然趋势，教师不能守着传统教学理念和模式不丢；另一方面，信息技术在数学课程中用处也是非常巨大的，教师应努力提高自身的技术素养。首先教师能在资源网络上根据实际教学需要，获取一些教学和多媒体资源，对自身专业技能的提高、教学眼界的开阔和教学内容的优化都是有帮助的；其次，又能同时对获取的多媒体资源根据自身实际情况进行加工、处理和整合；最后，教师还能熟练运用相关多媒体制作技术和相关应用软件（如几何画板），科学合理地安排教学各个环节和内容，优化教学结构，扩大教学容量，使教师能有充分的时间安排学生间的自主探究和合作交流等实践活动。但是，凡事不可过度，信息技术在数学课程中的应用效果确实是十分明显的，然而，若不恰当地使用信息技术，反而会使课堂教学效果极低，达不到新课标要求使用信息技术的目的。信息技术仅仅是教师课堂教学的辅助手段，而非根本目的，教师真正要达到的目标应该是让学生更好地学习，培养学生终身受益的习惯和能力，所以信息技术使用过多或者全部投入细枝末节的装饰上，就会转移学生的注意力，不能使之放到课堂内容上来。教师不能任何内容都用到信息技术，而且也不能在课堂教学过程中全部依赖信息技术，抛弃了传统教学中好的东

西（如必要的黑板板书）。因此，教师就要根据实际教学内容、教学目标和教学情况，结合学生实际认知情况，科学合理地使用信息技术，达到多媒体最佳的辅助效果。

（六）交互式电子白板在数形结合教学中的特殊应用

1. 交互式电子白板概述

交互式电子白板，是由美国著名的施乐公司在 20 世纪 90 年代初研发的。交互式电子白板的研发目的和适用对象最初是商业和政府，被称为 LiveBoard。从技术上讲，交互式电子白板是集硬件与软件为一体的操作系统，包含了计算机技术、通信技术和微电子技术等；从功能上讲，其优于教学过程中的常用媒体，如黑板、投影等，不仅可以编辑、储存还具有人机交互功能。

（1）交互式电子白板的特点及作用

①利用交互式白板活跃课堂氛围

受应试教育的影响，课堂教学中师生缺乏沟通，教师不注重内容生成的过程，而是盲目地进行"填鸭式"教学；学生则盲目"接受"，导致学生思维狭隘，课堂教学效率低下，教学效果不理想。交互式白板应用于教学，在很大程度上提高了学生的学习氛围和学习积极性，从而提高了教学效果，集中了学生的注意力，同时也突出了教学过程中学生的主体性和教师的主导作用。

②利用交互式电子白板可以直观化抽象数学知识

对于教师来说，抽象化教学内容难以讲解和表述；对于学生来说，抽象化的数学内容，如概念、公式等难以理解，是高中数学教学过程中难以解决的问题。由于知识抽象化是高中数学课程的一大特点，也是新课标下教育部对于高中生数学培养提出的基本目标，因此抽象化的知识在高中数学课程中所占比例相对比较高。因此，是否能理解抽象的数学知识，将抽象问题直观化就成为决定高中生数学成绩高低的决定性因素之一。在传统教学模式下，由于语言表述的匮乏性等原因，教师在这一问题的解决上能对学生提供的帮助是微乎其微的。交互式电子白板的使用则会带来不一样的效果。交互式电子白板强大的图形操作等功能，可以动态化、直观化抽象的教学内容，给学生视觉上的直观刺激，让学生可以借助电子白板展示的内容捕捉抽象数学知识的"身影"，从而激发学生的想象，并实现分析和运用抽象化数学知识的目标。例如，利用交互式电子白板可以直观展示函数的产生过程，以及变量变化过程中函数图像的变化。学生在学习过程中可以直接参与动手操作，亲身体验知识的形成过程，由直观到抽象地理解、认识事物。学生也可以根据自己对知识的掌握情况有针对性地选择学习资源，达成学习任务和目标。例如，学生可利用几何画板控制多个变量的改变，并通过观察图形的动态变化来研究变量之间的关系，从而能更形象直观地理解和处理数学问题。

③利用交互电子白板的多功能性可以突破教学重点和难点

交互式电子白板除了可以替代投影直观展示教学内容外，还具有多功能性，如通过硬笔、毛笔、水彩笔、荧光笔等多种书写功能的转化，使课堂教学更生动，多彩笔的标注更能凸显教学内容的重点和难点。教师可适时地使用探照灯、放大镜功能来集中学生的注意力；也可以使用文字弹幕功能来突出教学中的重点和难点；可以通过展示风采、设置悬念等方式，激发学生的学习兴趣；点击绘图、动作慢放、快放等功能可以动态化静态的文本信息，直观化知识的形成路径以及思维框架；其存储功能可以自动记录师生教学活动，从而在使用时可以重新调用和回放，从而帮助学生建立正确的知识体系，对知识点的掌握更加完整和深刻。在教学过程中，科学、合理地使用交互式电子白板，不仅能够刺激学生的形象感知，激发学生的学习兴趣，利于学生对知识的理解，拓展学生的思维深度和宽度，而且可以帮助教师在教学过程中更简单、更方便、更高效地创设情境，从而加深和内化对数学概念和数学原理的理解和掌握。例如，教师可以借助交互式电子白板将枯燥、抽象的数学知识以视频、动画、声音、图像、文字的形式传达给学生，从而创设情境，更好地实现教学目标。总之，借助交互式电子白板，可以将学生无法看到的理论现象形象直观地展现出来，从而将抽象的理论和数据变得形象化，进而实现创设情境的目的。总之，响应"教育信息化"的要求，将交互式电子白板整合到课程教学，不仅能将抽象的教学内容直观化，加深学生对数学内容的理解，强化学生的主体性，也能为教师创设数形结合情境、重现数形结合过程、培养学生的数形结合思维提供有力的技术支持和帮助。

（2）交互电子白板在教学实践中存在的问题

从理论上来讲，在教学过程中引入交互式电子白板，不仅有利于培养学生的"数形结合"思维，而且对整个数学教学有着诸多优势。但其中也存在着诸多问题，使现代化教学技术在教学过程中的使用效果大打折扣。

①使用目的不明确

大部分教师对使用交互式电子白板的目的不明确，只是一味地追求教学形式和手段上的创新而表现内容简单，甚至只是为了评选优质课而在教学过程中盲目地使用电子白板，忽视了交互式电子白板的使用，要解决哪些问题，要达到什么样的要求，要完成什么样的教学任务和目标。在教学过程中科学、合理地选择媒体的第一个原则是它是否有利于达成教学中的目标和任务。

②教师自身的技术技能有限，使用成负担

大部分高中教师自身的技术水平有限，课件的制作过程就成为教师的负担。由于对技术不熟练，有的教师会花费几天的时间去制作和完善课件，这往往使投入和输出不成正比。而且由于使用交互式电子白板不熟练，会使课堂教学过程出现很多空白点。

③不注意信息的反馈

一些教师由于对交互式电子白板的作用和特点的认识不全面，往往只重视其所具备的创设情境、展示和理解教学内容的功能，而忽视其最主要的特点是信息的反馈性。与传统教学模式不同，交互式电子白板可以有效地了解和反馈学生的学习情况，甚至可以在把教学活动延伸到课外的同时，采用多种形式了解学生对问题的研究和解决情况，从而及时发现学生学习过程中的问题和数学问题解决过程中的问题。

(3) 交互式电子白板对数形结合思维的影响

①应用白板可以创设教学情境，直观渗透"数"与"形"

应用白板，可为教学活动提供多样化的教学资源，实现情境创设，从而使抽象知识直观化。教师借助有效情境提出问题、做出指导，从而通过形象的情境和问题初步渗透"数形结合"思维，使学生真正学会用"数形结合"方法来解决数学中常见的抽象性强的代数题目和直观性强的几何问题。

②应用白板进行直观演示，可动态化"数"与"形"

在数学学习中，交互式电子白板的使用优化了数学知识的呈现方式，很多教学内容的呈现因此变得更加直观形象。例如，函数图像与性质的研究、图像的平移变换等内容，可以借助交互式电子白板实现动画演示、内容重放、过程模拟等，从而实现抽象数学内容的动态化，重现"数形结合"思维过程。其有利于良好的思维能力和思维习惯的养成，为学生"数形结合"思维的形成提供条件。

③实际动手操作，可深化数形结合思维

在应试教育背景下，结合教学实践，发现学生在知识的获取过程中缺少了最重要的一关——动手。这个问题的存在会限制学生对"数形结合"的理解，导致学生在应用过程中"硬套"方法，而没有真正地体会其本质。交互式电子白板的使用，提供给学生亲自上手操作的机会，既体现其主体性，又切身感受"形"与"数"的结合过程，从而深化了学生对数学知识的理解，以及运用数形结合思维的能力。

④借助网络可实现实时反馈，及时掌握学生情况

传统的教学模式限制了学生在学习过程中的主体地位。大部分教师都是根据自己的经验，而不是以学生的知识掌握情况和思维水平为依据进行针对性的教学。学习情况和思维水平的评价和反馈往往需要教师长时间的评阅，此过程评阅时间长，信息反馈不及时，对学生思维能力和讲评效果的培养产生负面影响。而交互式电子白板的引入，可以实现课堂中的实时交互，使教师可以根据交互信息分析学生情况，实现有效讲评。除此之外，将交互式电子白板融入高中课堂教学还有利于培养学生

的主体意识。

2. 制订教学策略

（1）利用形象性，营造数形结合思维情境

创设情境是目前数学课程教学中引入新的知识的一种较为普遍的手段和策略。心理学认为，情境是指一种具有一定的社会学和生物学意义的具体教学环境，可直接刺激人的感知[1]。认知学则认为，情境可被看作学习者认知行为的信息来源或者是一种信息载体[2]。

在传统的教学模式下，由于资源的匮乏和呈现形式的单一性及课时的有限性，教师无法对许多概念的形成过程进行充分的展开，学生也没有充足的时间参与进去进行探索和发现，创设情境对一线教师而言处于"心有余而力不足"的境地。

因此，将交互式电子白板整合于数学课程，不仅丰富了资源呈现形式，还丰富了教师在创设生动、形象的情境时的手段。使抽象的数学概念、公式等内容形象直观地展现给学生，既有利于提高教学效果，也有利于让学生直观地感受数学知识的产生过程，从而培养数形结合的思维意识，并有效地将所学知识应用于生活实践中。

课堂中，教师可以借助交互式电子白板的显示功能播放教学资源，如视频、音频、图片等，又或者利用白板的拖拽和组合功能设立特定的教学情境，从而有利于激发学生的学习热情与学习兴趣，创设有利于数形结合思维培养的情境，使学生在自身主观能动性的引领之下，不自觉

---

[1] 王劲松.以形象为主体、情感为主线的情境教学研究 [J] .现代语文：教学研究（6）：45–46.

[2] 唐铭均.以问题引领学生自主探究 以反思促就良好思维品质 [J] .大观周刊，2012，000（041）：383–383.

地开启数形结合思维的阀门，最终提高课堂教学的效果与质量。正如恩格斯所说的那样："宇宙间万物无不是'数'和'形'的矛盾统一。"①

总而言之，数形结合思维是研究数学问题的重要思维方法，画图像、识图像是研究抽象问题并学好高中数学必须掌握的重要技能。而由于传统教学本身的特点，其在研究抽象问题上存在一定的局限性和短板。因此，我们必须寻找一种崭新的教学模式——将交互式电子白板整合于教学实践中，交互式电子白板拥有直观演示的强大功能，帮助学生形成直观感受，创设形象化的数形结合思维情境，培养学生的数形结合意识。

（2）利用几何直观性，启迪数形结合思维

在高中数学课堂中，对于数学概念学生往往难以记忆和理解，因为概念的表述往往采用比较形式化的数学语言和数学符号。几何方法因其具有直观性而最易被学生掌握，也是学生运用最广的方法之一。可以说，几何法是解决高中数学问题最快、最有效的方法。几何直观作为新课标的核心概念，对抽象性和逻辑性强的数学学科的学习起着关键作用。巧用几何直观可以把抽象的数学问题形象化、简单化，不仅有助于培养学生的观察能力、空间想象能力、合情推理能力等，还有利于弄清数量关系，形成问题解决的策略，从而真正提升本身的数形结合思维能力。

然而在传统的教学模式下，由于教学手段和教学资源的有限性，很多抽象的数学概念只能借助教师板书或口头描述去理解，无法直观地展

---

① 宋涛.论数形结合思想 [J].数学大世界：教学导向，2011（7）：16-18.

示，导致抽象内容难以理解，学习气氛越来越乏味枯燥。借助交互式电子白板可以将文本、图片、动画、声音等资源根据教学内容进行适当整合并运用到数学教学过程中，利用交互式电子白板自身的几何直观性将数与形真正地联系起来，既能丰富教学形式又能营造生动的学习环境。这样才能从根本上启迪数形结合思维并解决抽象问题难理解的僵局。交互式电子白板在这一方面的优势尤为显著。

例如，在交互式电子白板条件下，借助几何画板软件，直观地、动态地展示函数图像，并对图像进行变换，使函数图像借助几何画板动起来，从而发现"数"与"形"之间的内在关系。这样不仅可以营造轻松的教学环境，让学生在轻松的教学实践中通过形与数、数与形的变换把握住函数的本质，还可以培养学生利用数形结合思维解决问题的意识；既以形助数借助几何直观性了解函数的量之间的关系和性质，又能以数辅形揭示函数图像的数量意义。融入交互式电子白板的高中数学课堂，可以充分利用几何演示的直观性，大大提高学生的数形结合思维能力，达到事半功倍的效果。

总而言之，数形结合思维的启迪既需要培养以形助数的意识，又需要锻炼以数辅形的能力。在交互式电子白板条件下，其自身具备的一些功能，如几何工具（圆规、三角尺、测角器）、组合、拖拽等功能，或PowerPoint 等软件的使用将一些现实中的教学设备从实物抽象成简图，将抽象的函数解析式转换为图像，然后通过动态演示，让学生同样也可以获得直观感受，用学生喜闻乐见的方式引导学生思考，从而为培养和构建数形结合思维奠好基、开好端。同时，数形结合思维在操作交互式电子白板软件的过程中被潜移默化地渗透给学生。

(3) 利用可操作性，锻炼数形结合思维能力

交互式电子白板的可操作性主要体现在两个方面。

第一，对教师而言，教师可以对几何画板、PowerPoint、Flash 等软件进行操作，也可以操作自身具备的功能，如批注、悬挂、拖、编辑、工具等，实现绘制函数图像、制作动画、测量、几何证明、设计课件等教学目的，还可以对已经形成的资源进行多次使用或长期保存，以便后期重新整合利用，最终根据教学内容将信息资源适当地整合应用到数学课堂教学中，帮助教师形象直观地展示知识的形成过程，从而将逻辑思维和直观思维结合，以便培养学生数形结合的思维意识。

第二，对学生而言，交互式电子白板的引入不仅为他们提供了有趣的学习环境，还将知识形象化、动态化，从而提高了学习兴趣，数与形的结合也降低了学生对新概念、新问题的理解难度。作为新时代发展的产物，交互式电子白板还为学生提供了探索和学习新知识的手段，实际的操作给学习带来的影响远远优于枯燥的文字表达。实际操作过程中不仅提高了学生的信息素养，更培养了学生将抽象问题形象化的兴趣和意识，从而锻炼自身的数形结合思维能力。

高中数学学习的目标是分析解决遇到的问题。交互式电子白板在高中生数形结合思维培养中的应用不仅仅体现在启迪和展示，更重要的是能够在交互式电子白板的辅助下，锻炼和提升学生的数形结合能力。因此，在数学课程学习中，应特别注重学生的参与度和主体性。当遇到问题时，学生能够在交互式电子白板的辅助下借助数形结合的方法，将复杂的数学问题图形化，从而亲身去探索问题求解的方法和过程。交互式电子白板的可操作性可以使学生在参与教学的过程中，锻炼自己的数形

结合思维能力，加深对数学本质的理解，最终实现学为所用。数形结合思想的运用通常都是渗透在数学解题的过程中的，因此在课堂中可以通过交互式电子白板软件对数学的解题过程进行层层展示，将"数"与"形"的转化直观演绎出来。在这一过程中，学生不仅仅可以作为一名观看者，更可以成为一名操作者，亲自利用交互式电子白板软件，借助自己以往的知识储备、生活经验，在教师的循循善诱下，掌握新知识，将抽象的学术内容具象化，由浅至深地学好高中数学。

（4）利用反馈性，评价数形结合思维水平

在高中数学课堂上，"教会"不是教师的唯一任务，还要帮助学生"纠错"。"纠错"具有正确性、严密性、完整性和批判性，只有纠正错误思维，才可能建立起正确思维。因此，教师可以把学生出现的问题转化为一种资源，引导学生分析自身解题的错误之处，从而加深印象，提高学生数形结合思维能力，进而有效提升解题能力与学习吸收能力，达到教学目的。

然而，在传统教学模式下，教师主要备教材、备教法、备学生，由于师生之间交流渠道具有单一性，使得教师对学生的认识大多是依靠自己的个人经验和主观意识，这就导致教师的教和学生的学之间出现滞后性。教师和学生之间只能通过对个别学生的提问，或将学生的答题情况用投影的方式进行交流，既费时又不具有代表性。

而交互式电子白板整合下的数学教学就有所不同，首先对学生而言，交互式电子白板提供了新的学习途径，学生可以通过交互式电子白板的储存和回放功能，回顾教师授课过程，解决自己没有听懂的问题；在课上学生可以在白板上进行操作，呈现自己的解题过程，有利于激发学生的兴趣。其次对教师而言，交互式电子白板的最大优势在于教师在授课过程中可以对课件内容进行实时修改、批注和提炼，从而提升自己的教学水平，真正达到辅助课程教学的效果。教师也可以将教学资源保存，不断优化已有资源，最后形成优质的资源库；还可以把资源以网页或图片的形式保存，打印出来供学生参考和回忆。

借助交互式电子白板的反馈性，教师可以实时监测学生对课堂教学中新知识的掌握情况，便于教师对学生知识接受情况和数形结合思维水平做出合适的评价，从而决定课外作业的布置情况。同时，教师反馈给学生的信息，也可以帮助学生对数形结合思维的掌握水平进行自我评价。在交互式电子白板条件下，教师也可以根据学生的反馈对教学过程加以优化调整，进一步提升教学质量。交互式电子白板本身的可备份、可重复使用、可公共应用的特点为知识的回顾反思提供了有效途径。这样，教师和学生以及学生和学生之间才会实现有效的反馈机制，才可以通过反馈在一定程度上客观评价学生的数形结合思维水平，使数形结合思维真正得以培养、强化，同时也使数形结合思维得以真正升华。

三、注重数学三种语言的相互转换

数学语言是一种简洁、严密、精确的科学语言，是数学思维的载体和工具，是数学教学的重要组成部分。高中阶段的数学语言大致可分为文字语言、符号语言和图形语言三种形态。这三种语言是同等重要的，它们是同一知识点的不同表征形式。通过在大脑中建立三种语言的相互对应关系，能使知识理解得更加深刻、记忆得更加牢固。提高三种语言的相互转化的能力，才能提高数形结合的能力。

（一）数学语言的转换能力

数学语言转换主要包括自然语言与数学语言的转换以及数学语言三种表现形式内部的转换。《数学学习的心理基础与过程》一书中，将中小学数学课程中的基本技能从数值运算、符号操作、图形处理、数据分析、推理论证和数学交流六个角度进行了概括。其中，数学交流技能包括，能掌握数学语言及符号的意义与书写形式与格式；能熟练进行数学语言与自然语言（母语）之间的翻译转换等。如果将每一项技能进行具体分析，则都将离不开数学语言的转换。数值运算技能、符号操作技能可以看作符号语言之间的转换。图形处理技能可看作图形语言之间的转换。数据分析技能、推理论证技能与数学交流技能可以看作多种数学语言表现形式之间的转换。因此，这六种数学学习的基本技能都与数学语言的转换能力密切相关。

（二）自然语言与数学语言之间的转换

数学语言通常被解释成数学化了的自然语言。而自然语言不同于一般的日常用语，它是日常用语与数学语言的结合。学生若能用自然语言准确地描述出数学概念、定理、性质的具体内容，便说明他很好地理解了所学内容，很好地掌握了这部分数学知识。

数学语言与自然语言二者之间的转换具有普遍性。波利亚认为，建立方程的思想，便是将自然语言表达的内容转换为与之等价的数学符号语言。[①]在这一转换过程中，体现了数学符号语言的简洁性、直观性。数学语言能够更加直观地表示出不同对象间的数量关系。反之，当简练

---

① 李纯聪.在方程教学中渗透数学思想 [J] .新教师，2012（10）.

的数学语言转换成通俗易懂的自然语言，能加深学生对数学概念、定理、命题等的理解。自然语言对学生来说更加熟悉、亲切。因此，教师要具备较强的语言转换能力，在转换的过程中，揭露每种数学语言表现形式所表达的内容实质，将每一个数学名词、符号、连接词等进行转换，用具体的自然语言描述出来。尤其是对学生新学习的内容，教师需要将教学中的数学语言解释为通俗易懂的自然语言，使学生在教师自然语言的讲解过程中，在头脑中形成有关概念、符号的表象，深入理解数学语言转换。

（三）数学语言的内部转换

由于数学语言具有互通性，因此同一数学内容可以在保持原意的基础上，通过不同的表现形式来表达。不同的表现形式体现了理解方式的不同。本书根据数学语言不同表现形式之间转换类型的不同，结合具体例题从六个角度进行叙述。

1. 文字语言符号化、图形化

文字语言符号化、图形化可以使问题变得简洁、直观，在数学建模这一类问题中应用较多。例如，高中数学中的线性规划问题，便是将实际问题转换为符号语言（不等式组）与图形语言（建立直角坐标系）进行解决。

例1：某工厂计划生产甲、乙两种产品，都需要A，B两种原料，生产1工时甲产品需要A种原料3kg，B种原料1kg；生产1工时乙产品需要A种原料2kg，B种原料2kg。现有A，B两种原料分别为1 200kg、800kg。如果生产甲、乙两种产品每工时的平均利润分别为30元、40元，则甲、乙两种产品各生产多少工时能使利润的总额最大？最大利润为多少？

求解这道题目可以通过将文字语言转换成符号语言和图形语言的方式，即将问题中的文字语言转化为不等式组，之后再根据不等式组去绘制出图像，从而使原本看似复杂的问题变得简单直观。现实生活中，很多问题都可以用数学方法解决，但首先要能将问题进行语言转换。如数学建模解决的多是来自生活中的实际问题，就需要在解题时将具体问题抽象化、模型化（符号化、图形化）。

2. 符号语言文字化、图形化

符号语言相对其他两种语言比较抽象，因此在解决带有符号语言的问题时往往将符号进行转换。如解决函数问题常采用"数形结合"的方法，既简单直观又便于理解；平面向量与空间向量问题也经常需要将符号语言转换为坐标系下的图形语言，运用恰当的语言转换，使问题在用图形语言表示后更加具体、直观。

3. 图形语言文字化、符号化

解决几何问题通常需要将图形语言进行转换。虽然几何图形直观形象，但有些题目只通过图形来解决便会停滞不前，需要将图形与符号、文字进行灵活的转换，这也是高考中经常出现的考点。

例 2：已知一个多面体内接于球构成的简单组合体的三视图，如图 5-1 所示，图中四边形的边长为 2，求该球的表面积。

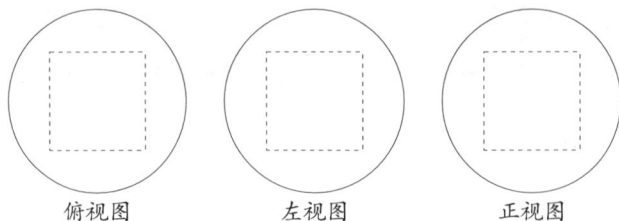

俯视图　　　　　左视图　　　　　正视图

图 5-1　组合体三视图

解答本题需要将图形语言通过空间想象力，转换成文字语言（图形语言→文字语言）：正方体的对角线就是球的直径，由这两个长度相等，进而通过公式（图形语言→符号语言）求解，即 $S=4\pi r^2=12\pi$。

4. 文字语言之间的转换

文字语言之间的转换主要指对过度抽象的文字语言进行解释说明，或将表述复杂的文字语言进行缩减、精确。例如，"经过直线外的一点，有且只有一条直线与已知直线平行"，这个命题过于简练，教师可以对"有且只有"进行解释，将其叙述为"有一条直线，这条直线外有一个点，经过这个点可以画一条直线和原来的直线平行，而且也只可以画一条直线和原来的直线平行"。犹如此类将学生理解起来存在困难的简短精练的数学命题进行展开说明的语言转换。反过来，如教师讲课时先对定理内容进行具体介绍，最后概括出定理的语言转换过程，都属于文字语言之间的转换。

5. 符号语言之间的转换

符号语言相对其他两种语言比较抽象。解决符号语言问题，通常需要将符号语言转换为文字语言或图形语言，但并不是所有的问题都能通过这两种转换解决，有些时候需要进行符号语言的内部转换，如代数问题常用的两种方法：换元法和待定系数法。高中数学数列部分中由递推公式求通项公式，都属于符号语言之间的转换。由于符号语言比较抽象，所以符号语言之间的转换对学生数学语言转换能力的要求要比其他类型的转换要求高。

6. 图形语言之间的转换

图形语言之间的转换，在几何部分比较普遍。无论是初中数学的三角形部分，还是高中的平面几何、立体几何部分，都会出现将图形语言进行转换的问题。

（四）高中生在数学语言转换中存在的问题

高中生对题目较长、信息过多的问题难以顺利解决。因为从很复杂的文字题目中筛检出有用的信息是很有难度的，而且当学生看到大段的文字题目时，他们会无从下手，内心会产生恐惧感。学生在解答文字语言表征形式的题目时，由于文字语言中的一些关键词抽象难懂，学生没有真正弄懂概念本身的外延及专业术语的内涵，加之学生无法正确运用符号、图形的形式来辅助思考，所以学生就难以将文字信息形式的数学内容本质抽象、提取出来。这成为学生文字语言转换能力较差的主要原因。另外，学生的主要问题还表现在错读、漏读信息，加大转换的困难；做题习惯不好，不圈划关键词；基础概念掌握不够，整体意识不够强烈。但如果学生一旦把关键信息提炼出来，成功转换成数学问题，那后续的问题大部分学生都能够解决。这个过程用数学模型解释，就是在用数学语言把实际问题转换为数学模型时，学生的抽象能力较弱，无法提取已有的内部表征或是没有转换为恰当的语言表征形式去解决问题；而一旦学生建立了完整的数学模型，剩下的就是需要用数学方法去处理得到数学模型的解，这一过程中学生并不觉得困难。所以，学生解决问题的关键还是在于如何将大量的文字语言转换成容易处理的表征形式。用数学语言转换在数学解题中的心理机制解释，就是学生在解题过程中的主要困难出现在数学问题表征和方法的选择上。学生在解题过程中，不论是初步语言转换过程还是后续的关键语言转换过程，都涉及表征和转换，这都为最终成功解决问题奠定了基础。此外，在数学教学中，教师倾向用文字语言来交流，学生自然也会对文字语言更熟悉。这会导致学生忽略用符号、图形的形式去对数学概念、定理、命题进行分析，也就缺少了文字语言符号化、图形化的转换训练。并且，大部分学生对问题的思考还是只停留在表面上，没有抓住问题的关键和本质，缺乏用联系的角度看问题，对公式掌握得较好，但是相互转换就差强人意，也说明学生缺乏运用多种表征形式去表达同一个数学知识的能力，导致了学生数形结合思想的发展不理想的问题。

（五）数学阅读时语言转换能力在问题解决中的作用

解题首先是以阅读问题为起点，因此阅读问题对于解题来说十分重要。在阅读问题时，个体需要借助数学语言把问题的内容形式转化为能加工的形式。在这个阶段，个体还要根据问题描述的具体情境构建相应的数学模型，而在选择解题方法和策略时，又要依靠转换思想。也就是说，一旦采取了合适的方式去表征问题，那问题的解决就开了一个好头。如果问题没有得到适宜的表征，那问题可能就无法解决。合理的知识表征有助于问题的解释，帮助解题者联想相关信息，发现核心概念和相关的知识结构，提示有效的解题思路。

海格蒂·迈耶（Hegarty Mayer）和蒙克（Monk）提出语言类型转换对问题的解决起着关键性作用。

语言转换是解题过程的一项重要活动，这不仅需要考虑到语言的外部表征和内部表征的具体进展，还需要考虑到外部表征如何与内部表征相互作用，促进个体进行思考并反复调整内部表征，然后用外部表征把解题步骤表示出来。其实，解题步骤的每一步前进都是内部表征的不断变化。

现代数学教学理论认为，不同数学表征间的自如应用及转换是学生真正理解知识点的重要表现[①]。通过多角度的分析，数学知识点才能被学生更深刻地理解和掌握。这就需要学生首先在某种特定的数学表征内进行熟练操作，再在此基础上对不同数学表征进行转换和表征，从而找到不同数学表征系统之间的联系。实践教学表明，问题是否得到恰当的表征，即学生的问题表征质量将影响他们如何解决问题，甚至能够成为问题最终成功解决的关键因素。学生表征和转换的过程其实就是一个抽象化的过程，抽象化使得问题难度降低，因此一旦发现操作的方法，问题就容易解决了。

(六) 数学教学中语言转换对学生数形结合思想发展的影响

数学是思维的工具，也是进行思维训练的载体，两者是相辅相成的。不同的表征方式在信息表示上可能是等效的，但在思维运演上并不相同。一般地，文字表征、符号表征的操作有利于发展数学逻辑思维和理性思辨的培养，而实物表征、图像表征等直观表征模块，有利于数学的非逻辑思维产生，有助于创新思维的培养。数学语言的表征和转换体现了数学学习中逻辑思维与非逻辑思维的互补，同时有利于数学创新能力的发展。

使用数形结合思想解决问题的过程中，符号表征体现的就是学生逻辑思维的应用，而图像表征则代表着学生直觉思维的选择。符号表征与图像表征的相互转换所隐含的思维过程就是逻辑思维与直接思维的相互推动。符号表征到图形表征（或是图像表征到符号表征）的单向转换是

[①] 沈徐虹.数学问题解决中多元表征及其转换的调查研究 [D] .苏州：苏州大学，2016.

逻辑思维到图像思维的初步互动，而要实现双向转换则需要建立在这种初步互动的基础上，对已有的思维过程进行逻辑分析，进一步推动直觉思维的产生，从而做到符号和图形之间的相互沟通。这是在解题过程中符号语言和图形语言相互转换的思维本质。

高中学生思维的过渡性特征明显，其认知发展处于双重阶段，即具体运算向形式运算过渡阶段与真正掌握形式运算阶段。此外，高中学生的辩证逻辑思维处于转折期，呈现出"飞跃"和"两极分化"的现象，是思维发展的关键期，因此要注重学生思维能力的差异性，引导学生进行高层次数学思维活动。另外，数学语言的相互转换，有时候需要依靠类比思想。所谓类比，就是根据两种事物在某些特征上相似的特点，做出它在其他特征上也可能相似的推论。类比可以使我们用相同的形式或方法去解决问题。不同语言的表征形式都有其内在规律，寻找规律可以使数学学习事半功倍，类比也可以丰富学生的数学想象，扩充学生的数学思维，有利于学生对数形结合思想方法的掌握。

（七）促进学生语言转换能力提高的教学策略

学生对抽象概念的理解存在一定的差异性，因此高中数学教师需要采取适当的教学途径帮助学生进行理解，引导学生进行高层次的数学思维活动。

1. 优化教学设计，强化学生多元表征能力

教学设计的意义是什么呢？从多元表征的认知功能来看，就在于试图取长补短地选择、整合各种表征而优化内在表征，生成整个表征结构，甚至学会建构多元表征的策略和方法。

多元表征会因其强大的认知功能而影响学生在数学学习中的表现，

但这种功能是通过对多元表征与教学的分析、设计表现出来的。比如，教学设计可以采用多元表征的信息技术与数学教学整合的方法。在现代教学中，信息技术主要有几何画板、图形计算器等，也叫动态数学技术，即 DGS。多元表征的信息技术可以实现符号和图形的动态联系和转换。

古斯（Goos）等的研究表明，在教学中使用图形计算器能促进小组合作探究，便于活动交流，提高学生的数学理解水平，并指出成功应用多元表征信息技术的关键在于教师对数学本质与教学法的理解[①]。

同样地，艾灵顿（Ellington）为了研究图形计算器与教学整合的效果，也展开了大面积的教学研究，得到了"运用整合的教学可以提高学生数学成绩，改善学生学习态度，同时对提升学生的数学理解程度和问题解决能力产生了显著的作用"[②]的结论。

2. 培养学生数学语言表达的能力

在课堂上经常出现这样的现象：对于教师的提问，学生也许能理解，但不一定能用数学语言准确表达出自己的观点；或是学生支支吾吾地表达观点，逻辑混乱，重点混淆。教师面对这些现象，特别是学生表达不规范时，要及时纠正，不能将错就错。心理学家斯根普认为，学生间的讨论、交流可能会在很大程度上促进学生的学习，因为学生在讨论中会应用交流的语言，并澄清思想[③]。当然，这里的交流不单单是指师

[①] 张欣. 巧用图形计算器帮学生轻松突破综合题难点□□例谈图形计算器在初中数学教学上的辅助应用 [J]. 中学数学研究（华南师范大学版），2015（13）：14-16.

[②] 范令臣. 现代信息技术运用于教学的研究——"十五"课题《信息技术与学科教学的整合研究》子课题结题报告 [J]. 中小学电教，2005（12）：50-53.

[③] 杨宇. 实施异步层次教学促进学生最优发展：层次教学在数学教学中的应用 [J]. 时代报告（学术版），2011，000（011）：141.

生、生生之间的语言文字交流，也包括表情、手势和用符号语言、图形语言来表达观点。因此，在教学过程中，学生的数学语言表达能力是教师需要重点关注的内容。为了培养学生数学语言表达能力，教师首先可以用文字语言将抽象概念、教学情境等解释清楚，再借助其他数学语言形式来帮助学生理解和记忆。在这个过程中，教师可以了解学生的解题思路，也可以让学生体会用数学语言来解释说明的好处，使他们感受到数学语言的表达需要历经模仿、内化、准确、简化、创新一系列阶段。

3. 加强文字语言简化练习，培养信息收集处理能力

大部分的数学题目、概念和定理都是由文字语言组成的，可以说文字语言在数学解题中起着举足轻重的作用，对文字和图形的了解也是学生数形结合思想形成的基础。由于文字语言形式的题目篇幅太长、信息过多，甚至经常出现抽象难懂的语句，所以数学学习离不开数学阅读能力，这就需要学生能对已有信息进行筛选和处理或是对文字语言进行简单化处理和转换，这一切都是为找到关键信息做铺垫，找到了关键信息也就意味着找到了解决问题的"突破口"。教师要特别重视培养学生对题目已知条件进行多角度分析的能力，使其善于挖掘和收集信息，以此来推测这些条件、信息在本题中的用意。这不仅对解决当下的题目有用，从长远看，更是让学生掌握这种能力，运用在所有数学问题的解决上。

4. 在数学学习中注重多种数学表征类型的应用

美国科学促进协会在其出版的《科学素养的基准》一书中指出："一个概念可以用不同的或类似的方法来表述。"[1]这句话在某种意义上

---

[1]　覃雪瑛.高中函数概念的变式教学研究 [D] .桂林：广西师范大学，2007.

指出了数形结合思想的核心。

不同类型的数学表征能激发学生的发散思维，联想到不同的数学方法去思考同一个数学对象，因此教师在教学中应该采用多种数学表征类型来讲解同一个数学知识。对于同一个数学知识，可以是文字形式表示的，也可以是符号或者图像。每一种方式传递数学信息的作用不一样，如图像是直观形象的，表格是清晰明了的，而符号则便于对数学信息进行操作。在数学教学中，学生其实就是通过两个步骤来理解数学知识的：一是对数学概念、命题等的多元表征；二是选择合适的问题表征形式。学生一旦学会了用数学语言去表征问题，并能将某一种数学语言表征转换为另一种数学语言表征，他就获得了相应的能力——数学语言表征和转换的能力。

在了解每种数学语言表征形式好处的同时，我们也要注意到，它们也有各自的不足。在数学解题中，学生要正确选择合适的表征形式，并能综合运用多种表征，这样可以避免各自的不足，又能恰好发挥各自的长处。而不同表征的综合运用会使得各自的功能在得到相互补充的同时又受到相互限制，这样学生就容易从不同角度对题目进行分析，采用不同策略去解决问题，这会对最终问题的解决产生积极的推动作用。这种作用不是在问题解决的过程中一点一点依次出现的，而是与外部表征进行交互连接从而建构出连贯的、一致的内部表征，由此推动问题的解决。

5. 积极鼓励学生运用直观图形表征

图形表征有利于元认知监视和正确解题。图形表征包括"画线段图""画抛物线图""在心里画图""画关系图"等。

采用直观的思维表象、意象来帮助思考是一种实用有效的方法。在数学教学中，教师应该鼓励学生在解题过程中积极运用直观图形表征。因为图形表征可以直观地表达数学信息，学生也易于理解。

图形表征也能够反映学生在解决问题时的心理过程和思维状态。在解题时，图形表征有助于学生收集归纳题目信息，记录解题过程；在解完题后，图形表征能够帮助他们回想和反思自己的思维状况；在与他人交流时，图形表征又能成为他们讲解、阐明解题方法的一种工具。

另外，运用图形表征能够提高学生成绩。例如，博克（Bock）等人指出，可以主动用图形表征的学生在比例推理问题上成功率要高得多[①]。根据构建主义的观点，学生自己主动使用图形表征效果优于教师事先提供，因为自我构建图形会使思维对知识更深刻。当然，使用图形表征确实可以增加解题的正确率，但是如果学生错误地进行了图形表征，也会起到负面作用。自我建构的外部表征能帮助个体进行表征类型的转换，从而促进个体对潜在概念的深刻理解和自我建构的内部表征。如果在解题时，教师没有适当地引用图形，那么学生就会产生一种惰性思维：对文字的加工过程中，学生的注意力只局限在文字本身，而无法转换到其他形式中。但是，如果这种惰性思维一旦被打破，学生能积极主动地使用图形表征来表示特定类型的知识并找到合适的解题方法和策略，那么他们离成功解决问题就更近了一步。学生只有在亲身经历后，才能感受到图形表征所引发的一种乃至多种解决方法是简捷的、巧妙的、惊奇的。

（八）数学语言转换能力培养案例分析

教师的教学设计必须依据教学目标、学情和充分尊重学生的认知规

① 罗新兵.数形结合的解题研究:表征的视角 [D] .上海：华东师范大学，2005.

律，要有意识、有目的、有计划和有步骤地开展教学活动。当然，最基本的是要加强对基础知识的有效教学，帮助学生系统地掌握整个知识体系所涉及的概念的内涵和外延、规律的适用范围以及数学思想和方法，灵活地实现语义转换，以此来培养和提高学生从不同的观点和角度理解概念。数学中的概念多数是用文字语言给出，部分概念也会用三种数学语言表示出来，通过对概念进行不同的语言形式的转换，可以揭示出或感悟到概念间的关系，使学生建立和形成概念网络结构，促进概念良性记忆，让学生更加熟练地进行"数"与"形"之间的转换方式，从而促进学生数形结合思想的发展。下面以具体案例进行说明。

"函数单调性"的教学设计

1. 内容分析

函数单调性知识是初中学习一次函数和二次函数单调性的延伸。它是学习函数概念后研究的第一个也是最基本的一个性质，为后续学习函数的基本性质、解不等式、函数零点的判定及导函数内容奠定基础，因此本节课在高中阶段占据着相当重要的地位。函数的单调性也是高中知识点的核心内容。函数单调性是整个数学学习中第一个用符号语言刻画的概念，在图形与符号做转换时，教师要注意过渡。

2. 教学目标

（1）知识与技能

理解函数单调性的三种数学语言表示的方法；会用符号语言判断函数单调性；会用概念证明一些简单函数的单调性。

（2）过程与方法

体会函数单调性符号化过程，即图形语言转换成文字语言，文字语

238

言再到符号语言的过程；体会类似思想方法和数形结合思想方法的运用。

（3）情感、态度与价值观

培养学生严谨论证的良好习惯；培养学生观察现实生活中数学问题的观念，体会生活中的数学。

3. 教学重点和难点

教学重点：函数单调性的概念，利用定义证明函数的单调性。

教学难点：函数单调性符号化过程，利用函数单调性概念严格证明函数的单调性。

4. 教学过程

根据前面的分析，将"函数的单调性"的教学过程分为五个阶段：

（1）第一阶段：情景引入，凸显概念本质

问题1：数学源于生活，同学们能举出一些生活中描述上升或下降的例子吗?

【师生活动】

教师和学生一起举出生活中描述上升或下降的例子：随着人民生活水平的提高，小明家年收入也随着增加；立冬后，室外的气温一直在下降；向上抛一个小球，小球距离起抛点的高度是先增加后减小。

问题2：请同学们根据上面举出的生活中描述上升或下降的例子，给出一个函数，并画出相应函数的图像。

【师生活动】

学生：画出相应函数图像。

教师：在教室里巡察，并在黑板上画出学生给出的函数图像。

设计意图：数学来源于生活，创设生活中的例子，让学生体会上升和下降如何用图形语言描述，实现了一次从文字语言到图形语言的转换。

(2) 第二阶段：函数单调性符号化

问题1：观察图5-2中绘制的函数图像，指出函数图像的变化趋势。

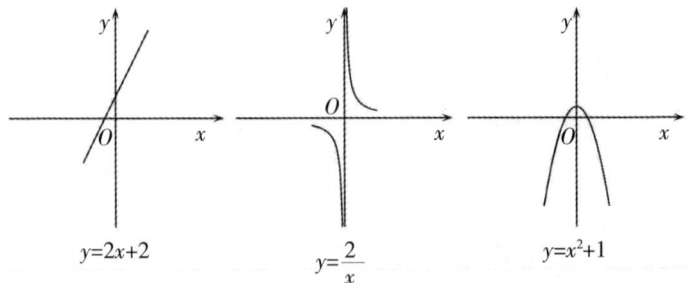

图5-2　函数图像

【师生活动】

教师：引导学生发现图像的变化趋势。

学生：观察得到结论，第一个函数随着x的增大，函数图像呈上升趋势；第二个函数随着x的增大，函数图像呈下降趋势；第三个函数随着x的增大，函数图像左边呈上升趋势，右边呈下降趋势。

教师：函数的上升、下降反映的是函数的一个基本性质——单调性（教师板书）。

设计意图：通过几何直观引导学生发现图形所反映的特征，并让学生感受有些函数并不是在整个定义域内都单调的，锻炼了学生图形语言转换成文字语言的能力。

问题2：回忆初中学过的图像呈上升趋势是怎么描述的？

【师生活动】

教师：板书。

学生：图像呈上升趋势时，$f(x)$ 随 x 的增大而增大；图像呈下降趋势时，$f(x)$ 随 x 的增大而减小。

设计意图：由于函数单调性是学生高中以来接触到的第一个符号化的定义，所以在引导学生符号化过程中应结合学生的认知水平，一步一步地引入。让学生回忆初中单调性的定义，符合学生的认知水平。让学生把自然语言转换成数学文字语言，从此问开始，思维形式开始转变，逐步开始抽象成符号语言。

问题 3：如何利用数学符号语言描述 $f(x)$ 随 x 的增大而增大？

【师生活动】

教师：几何画板演示 $f(x)$ 随 x 的增大而增大的过程，并将函数 $f(x)=2x+2$ 的函数图像生成表格的形式，让学生观察 x 与 $f(x)$ 的关系。

学生：若 $x_1<x_2$，则 $f(x_1)<f(x_2)$

设计意图：借助几何画板演示和函数表格形式，借助图形直观，引导学生将文字语言转换成符号语言，为后面进一步的转换打下基础。

问题 4：在定义域内任取 $a<x_1<x_2<b$，有 $f(x_1)<f(x_2)$，能说明函数在区间 $[a, b]$ 内单调递增吗？

【师生活动】

学生：不能，函数 $f(x_2)=-x_2+1$，若在对称轴两边取点，即使满足条件也不是单调递增。

教师：（几何画板演示给全班学生看）取三个能说明单调递增吗？四个呢？五个呢？无数个呢？

学生：取无数个时满足。

教师：满足单调递增应加上一个条件，对于任意的 x_1，x_2，有 $f(x_1)<$

$f(x_2)$。单调性描述的是局部性质，所以 x_1，x_2 要在某区间上，这个区间要在定义域内。

概念：一般地，设 $f(x)$ 的定义域为 I，如果对于定义域内某区间 D 上的任意两个自变量 x_1，x_2，当 $x_1<x_2$ 时，都有 $f(x_1)<f(x_2)$，那么就说函数 $f(x)$ 在区间 D 上是增函数。I 称为函数的单调增区间。

设计意图：借助几何画板演示两个点满足，并不能说明函数就单调递增，从而引发学生思考"无数个点满足是否可以"，让学生认识到函数单调性的概念的本质在于自变量不可能被穷尽。通过问题串的提问得到隐藏的条件"对于任意的"，一步一步地引发学生思考。

问题5：类比增函数的定义，给出减函数的定义。

【师生活动】

学生：一般地，设 $f(x)$ 的定义域为 I，如果对于定义域内某区间 D 上的任意两个自变量 x_1，x_2，当 $x_1<x_2$ 时，都有 $f(x_1)>f(x_2)$，那么就说函数 $f(x)$ 在区间 D 上是减函数。I 称为函数的单调减区间。

教师：叙述并板书。

设计意图：通过定义增函数的过程，类比增函数的概念，给出减函数的定义，在这个过程中，让学生体会思想方法的运用。

（3）第三阶段：理解函数单调性的外延

问题：求以下函数的单调区间。

$f(x)=2x+2$；$f(x)=\dfrac{2}{x}$；$f(x)=-x^2+1$。

解：函数 $f(x)=2x+2$ 的单调增区间为 $(-\infty, +\infty)$；

函数 $f(x)=\dfrac{2}{x}$ 的单调减区间为 $(-\infty, 0)$ 和 $(0, +\infty)$；

函数 $f(x)=-x^2+1$ 的单调增区间为 $(-\infty, 0)$，减区间为 $(0, +\infty)$。

【师生活动】

教师：能不能说函数的单调递减区间是 $(-\infty, 0) \cup (0, +\infty)$。（教师引导学生从图中观察，代入数字进行检验)

学生：从图中观察，并代入数字检验，说明该说法是错误的。

设计意图：与情景呼应，解决情景中的问题，对概念加深理解，让学生理解，若要否定函数在某个区间上不单调，只需举出一个反例即可，强调了定义中的"任意"。

练习：判断函数 $f(x)=-x+1$ 的单调区间，并且证明。

解析：任取 x_1, $x_2 \in (-\infty, +\infty)$，并且 $x_1 < x_2$

$f(x_1)-f(x_2)=(-x_1+1)-(-x_2+1) = -x_1+x_2$

由于 x_1, $x_2 \in (-\infty, +\infty)$，且 $x_1 < x_2$，所以 $x_2-x_1 > 0$

所以 $f(x_1)-f(x_2) > 0$，即 $f(x_1) > f(x_2)$

所以函数 $f(x)$ 在定义域内是单调递减的。

设计意图：通过练习让学生掌握证明函数单调性的步骤，对用符号语言证明函数单调性加深理解。

(4) 第四阶段：归纳总结，拓展深化

问题：通过这节课的学习，你学到了哪些知识？

【师生活动】

学生：认真思考总结本节课所学知识，回答教师问题。

教师：学生回答之后，进行系统的归纳总结，包括函数单调性的定义；用定义证明函数单调性的步骤；数学思想方法——数形结合、类比、转化。

设计意图：对本节课的总结可以让学生再回顾一遍知识点，巩固所学知识。

5. 教学反思

（1）创设合理的情景，让概念的形成更合理

数学来源于生活，本教学设计以生活中的例子引入上升和下降这一现象，使抽象的数学知识转化为学生易于接受的、生动的原形。然后逐步抽象，使抽象的数学概念贴近生活。由浅入深，让学生体会概念形成的过程，这样才有利于学生概念的建构。

（2）精心设计教学环节，使概念的形成更自然

函数单调性概念的形成是一个不断深化的过程。教学中举出了生活中上升和下降的例子，加深学生对概念的认识。接着，让学生把这些例子用合适的函数图形来表示，实现了文字语言对图形语言的转换。回顾初中时学过的上升和下降是怎样描述的，使概念的过渡更加自然；然后将 $f(x)$ 随 x 的增大而增大、$f(x)$ 随 x 的增大而减小这一表述一步一步转换成用符号表示。在这个过程中多次进行了数学语言转换。

四、重视对学生数学思维品质的塑造

（一）在概念教学中促进学生思维品质的提升

1. 注重概念的实际背景

数学概念应当具备严谨深刻等特点，学习数学是为了解决生活中的难题，所以应当从生活中来到生活中去，将数学概念充分融合到生活中，这样才能使其精华得以体现。对数学概念的生成，教师应当以实际为准，提出有关概念的相关问题，让学生在问题中研究概念并有初步的

理性认知，并为学生提供大量的题材。教师提出问题引导学生发现隐藏在其中的概念，最后让学生通过相互探讨研究对概念进行准确的定义，这是学生学习概念的综合过程，也是学生理解教师所讲概念的一个体验过程。

例如，为了达到更好的教学效果，教师应为学生提供有利于理解的教学辅助工具。教学辅助工具可以将难以理解的知识点、概念进行简化，使学生理解时更加清晰。

2. 分析定义，全面理解概念的含义

数学概念的定义是用精练的数学语言概括表达出来的，在教学中，抽象概括出概念后，还要注意分析概念的定义，帮助学生理解概念的含义。

例如，人教版《高中数学必修 1》函数的学习中，为了使学生能更好地掌握函数概念，教师必须揭示其本质特征，进行逐层剖析，对定义的内涵要阐明以下三点：

第一，x，y 的对应变化关系。例如，在"函数的表示法"例 4 的教学中，教师要讲明并强调每位学生的"成绩"与"测试序号"之间形成函数关系，使学生明白并非所有的函数都有解析式，由此加深学生对函数的"对应法则"的认识。

第二，实质上，每一个 x 值，对应唯一的 y 值。对此，教师可列举函数讲解：$y=2x$，$y=x^2$，$y=2$ 都是函数，但 x，y 的对应关系不同，分别是一对一、二对一、多对一，从而加深学生对函数本质的认识。再通过图像显示，使学生明白，并非随便一个图形都是函数的图像，从而掌握函数图像的特征。

第三，定义域、值域、对应法则构成函数的三要素，缺一不可，但要特别强调定义域的重要性。由于学生学习解析式较早，对此比较熟悉，他们往往因只关注解析式，忽略定义域而造成错误。为此，可让学生比较函数 $y=2x$（$x>0$），$y=x^2$（$x \in [1, 0]$），$y=2$（$x \in \mathbf{N}$）的不同并分别求值域，然后结合图像，明白三者大相径庭。强调解析式相同但定义域不同的函数绝不是相同的函数。再结合分段函数和有实际意义的函数，引起学生对实际问题的关注和思考。

3. 通过正例和反例深化概念

教师要理解通过"典例"深化概念认识是必须而有效的教学手段。其实，数学思维中概念和例子常常是相伴相随的。提起某一概念，学生头脑中的第一反应往往是它的一个"正例"。例如，提起"函数"，学生头脑中可能立即浮现一次函数、二次函数、指数函数、对数函数等的具体解析式及其图像。概念的反例提供了最有利于辨别的信息，对概念认识的深化具有非常重要的作用。反例的运用不但可使学生对概念理解得更精确、准确，而且可以排除无关特征的干扰。例如，人教版《高中必修 2》中"异面直线"的概念，要通过概念的正例和反例让学生认识到，异面直线是怎么也找不到一个平面将它们纳入其中的两条直线，而不是在"两个不同平面上的直线"。

（二）在习题课上促进学生思维品质的提升

1. 精选习题，引导学生对比、分析

在数学习题教学中，学生的观察能力是习题教学的关键，尤其在解决题目的过程中，教师要针对习题的特点，有意引导学生审题，在解题的同时向学生讲解有用的知识点，让学生在这种良好的学习环境下扩展学习思维，减轻自身的应试负担。教师在进行习题教学时还应主动引导学生从逆向角度去思考问题本身涵盖的解题思路，培养学生思维品质的批判性，让学生能够更为全面充分地认识到解决问题的对策，这也是锻炼学生思维灵活性的有效方法。在数学习题课中，教师可以精心选择学生的易错点、典型的错题等习题，有针对性地开展讲评，特别注重激励学生积极参与习题的错因讨论分析，让他们亲身面对和感受到自己习题训练中的错误。

2.一题多变，培养学生思维的批判性

在高中数学习题课教学中，通过一题多变，将题目中的条件或结论加强或弱化，得到相关的问题，加以比较、研究，以点带面，可让学生理清思维。

首先可以通过"变"条件。"变"条件是设计数学变式训练题的一种有效方法，即在变式教学中对数学习题的条件进行变换，如把题目中的一般条件改变为特殊条件，或把特殊条件改为一般条件，使学生在变换数学题设条件的情形下深化对数学知识和概念的理解，促进解题能力的提高。例如，为了引导学生更好地理解和掌握"曲线上的点到原点的距离"，将一道习题的条件"变"了：把原题的原点改变为一般性质的点 $N(a, 0)$，引导学生把握条件，在已知认知规律中使他们深入理解"曲线上的点到原点的距离"问题，在变中活学活用，增添了解题的新鲜感，激发了思维活动。

其次可以通过"变"背景。背景主要是描述、说明数学习题的限定条件、范围、图形等题设因素。在数学习题训练活动中，教师坚持在习题所蕴含题设条件不变的前提下，通过变换背景适当改变题设的形式，引导学生深入把握、参与问题探究，促进学生数学思维品质的培养。例如，将问题"已知二次函数 $f(x)=x^2-x-2$，$0 \leqslant x \leqslant 2$，求 $f(x)$ 的值域"，"改头换面"为"已知函数 $f(x)=\log_2\dfrac{x}{4} \cdot \log_2 2x$，当 $x \in [1,4]$ 时，求 $f(x)$ 的值域"。

最后可以通过"变"结论。在讲评活动中，教师适时根据学生的实际训练情况灵活变换习题结论，通过开展小组探究活动，引导他们深入推导、领会、总结问题，增强学生解题的挑战性，这是数学习题变式训练的有效方式。

3. 揭示本质，创新升华

"变式"之后，教师可引导学生针对参与变式训练的实际情况进行概括总结，促使他们通过变式训练更有效地揭示数学本质，在多角度、多层次的变式探究中提高探究能力和应用能力，促进认识的深刻化，具体教学中要多注意以下几个方面：

一是要利用变式训练，引导学生对习题的条件、背景、结论、图形等变换训练方式进行有效梳理，提炼出数学规律，系统整理出有效的训练方法。

二是要指引学生多视角、多层次、宽视野地思考与探究数学问题，拓宽解题思路，学会由浅入深、由特殊到一般的训练方法，善用联想、类比、推广等技巧，增强发散思维和应变的能力，深刻理解体现于其中的数学思想和方法。

三是要鼓励学生勇于构思和提出不同的解题方法，激发学习潜能，发扬自主创新精神。

在变式课堂教学中，教师始终立足于课堂实际和学生学情，优化设计，指引学生在互动交流中更有效地解决变式问题，培养分析、解决问题的能力，从而使学生的思维品质得到提升。

（三）在复习课中促进学生思维品质的升华

1. 用开放性问题引导复习

例如，在复习"直线与圆锥曲线位置关系"时，围绕一个具体的问题设置开放性问题展开复习。比如椭圆与直线 $y=kx+b$ 交于两点，请添加已知条件，解出直线的方程式。直线与椭圆相交是这部分知识点的典型案例，通过问题的讨论分析，学生可以知道焦点弦长、交点与原点所连接的三角形面积等问题，引出了许多有关圆锥曲线的知识点。开放性习题可以有效避免传统的数学习题解题方法固定单一、学生思维模式固定的弊端，不但可以更好地融合相关知识点，也能培养学生思维品质，培养学生逻辑思维和创新能力。

2. 从全新的角度提出问题

高中数学复习课中到底如何把握好"问"的技巧，提高课堂复习课的效率？教师在复习课提问中应把握好以下三个方面：

（1）"问"出学生的知识整合

法国数学家笛卡儿说过："最有价值的知识是方法的知识。"[①]学习有其自身的规律，光靠"死记硬背""拼时间"是不行的。复习课也同样如此，有效的复习绝不是对知识进行再次单纯的讲解，而是应该通过多"问"学生与这一知识点相关的内容还有哪些、相类似的题型有哪些

---

① 罗庆臻.基础设计方法再认识："解构"、"借鉴"与"整合"［J］.新视觉艺术，2013，000（006）：101-102.

等，多途径调动学生，引导学生主动地参与到复习中来，让学生成为课堂的主人，让他们感受到高中数学复习课并不枯燥，"问"出学生的知识整合。

（2）"问"出学生的思维过程

很多教师在复习课教学中，常常提一些"徒劳的提问"，典型的如那种满堂随口而出的"是不是?""对不对?"之类的问题，学生也只是简单地回答"是""不是""对""不对"等，效果不佳。教师在教学中应注重培养学生分析问题和解决问题的能力，通过精心设问，了解学生解题的思维过程。

3.梳理知识，构建网络，夯实"四基"

在复习课开始时，教师为了让学生更好地理解单个知识点，往往将知识结构拆分成一个个小单元。这种方法各有利弊，学生对于知识要点的掌握比较分散，不能够将知识点之间有效地联系起来。复习的目的就是将新课讲解时所有知识点连贯起来，并引导学生对相关知识点进行复习，让学生学会综合应用知识，形成知识网络。

例如，关于复习三角正弦函数 $y=\sin x$，$x \in \mathbf{R}$。

正弦函数 $y=\sin x$ 的基本性质含有函数定义域、值域、最值、单调性。解决正弦函数相关问题最直观的方法是画出函数图像，通过图像可以直观地找出函数有关性质。正弦函数、余弦函数、正切函数的复习方法基本一致，复习可以与另外两种三角函数类比，通过三角函数的复习，综合复习函数单调性、最值、定义域等概念，总结归纳三角函数的解决方法。另外，三角函数也会常常穿插在其他函数问题中，充分掌握三角函数，也能帮助学生更好地掌握其他函数问题的解决方法，从而更好地达到数学复习的目的，提高数学复习课的效率。

"四基"是指高中数学课程标准中的基础知识、基本技能、基本思想、基本活动经验，梳理了知识，建立了知识网络，不等于"万事俱备"，只有在平时的教学中，善于引导学生对数学知识原型展开探究，夯实"四基"才能落到实处，显示出价值。

4. 多种策略，提高能力，启发思维

在遵循教学原则的前提下，复习课上用来启发学生思维的策略也可以灵活多变，教师要善于提高学生对数学课堂的兴趣，优选多样的教学模式，加强学法的指导，在不断促进学生数学学习的过程中提升数学思维品质。

教师要改变复习教学方法，吸引学生对课堂的兴趣。复习课是对以往的知识进行归纳总结，如果教师不注重方式方法的选择，那么学生就会对复习的兴趣不高而影响课堂效率。因此，教师在复习课上应以新的逻辑思维梳理知识脉络，以全新的角度提出问题，以开放性问题引导学生进行复习，提高学生对于知识结构学习的兴趣，从而提高数学复习的效率。

教师要视不同的情况选择多样的教学模式，优化教学方法。在复习完相关知识点后，教师不仅要强调复习知识内容，还要在课后设计少量且有针对性的题目供学生练习。教师可按照学生的学习成绩将学生编成合作小组，让学生合作完成练习。在选题时，不一定仅限于当天的复习课，可以滚动练习。通过这种滚动训练可以实现在前进中巩固知识、在循环中提高数学能力的目的。

第三节　数形结合思想方法教学案例设计

数形结合的数学思想方法对学生的思维具有重要的促进作用，如何将数形结合的思想落实到具体教学中是高中数学教学中遇到的一个关键性问题。在对数形结合思想的理论进行了充分的分析之后，本节内容将以两个具体教学案例为例，说明如何将数形结合运用于教学，培养学生良好的数形结合思想，并对研究进行总结。

一、平面向量复习教学案例设计

与只有大小没有方向的数量不同，向量是既有大小又有方向的量。向量也是一种量，且可以进行运算。向量是代数研究最重要的对象之一，它不仅可以进行加减运算，与实数进行数乘运算，而且还可以进行内积、外积、混合积运算。根据向量表示方法不同，向量总共有两种运算方式。用有向线段表示向量进行的运算称为几何运算，用坐标表示向量进行的运算称为代数运算。向量同时具有几何与代数方面的特征，是沟通代数与几何的天然桥梁。高中数学教师在向量教学中要注重发挥其数形结合的重要作用，帮助学生从数与形两个角度去探索向量的知识。

（一）借助框图进行知识点回顾

在传统的高中数学教学中，由于教师经常会忽视对学生的思维培养，导致学生对所学的知识呈一种孤立、间断的状态，很难形成具有逻辑联系的知识串，这对其思考问题、分析问题造成严重阻碍。如果学生不能在头脑中建立整体性的知识结构，他在解决问题的过程中就难以保证思维能够顺利进行。因此，帮助学生建立知识间的联系是非常必要的一个教学环节。

　　数形结合在高中数学教学中的渗透给学生的自主学习带来了很大的发展空间，实践表明，相比于抽象的文字，形象的图形更容易在头脑中留下印象。因此，借助于框图这一直观图形，有利于帮助学生形成完整的知识结构体系，同时也有助于发展学生的形象思维。在平面向量这块知识内容中，主要包含了向量的概念和向量运算。其中向量的运算又包含了线性运算以及向量的数量积运算，且线性运算和数量积运算都有几何运算和坐标运算两种形式。总体来说，平面向量的知识结构比较简单，可用如图5-3所示的框图来表示。

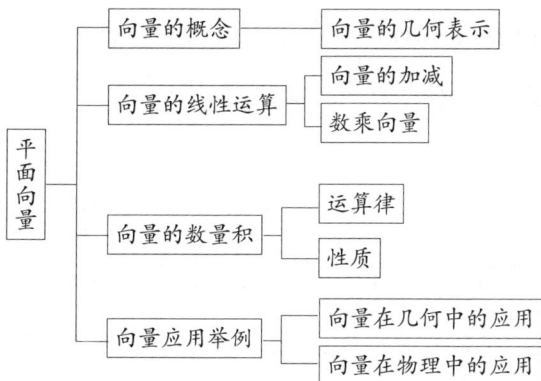

图5-3　平面向量的知识结构

（二）注意分析向量及其运算的几何意义

在学习大多数的数学概念或代数式时，都会讲到相关概念或者代数式的几何意义。几何意义指的是从图形来理解其性质。为什么要指出几何意义？因为人的思维发展是具有一定的顺序性的，在由浅入深地认识一个事物时，人们经常会按照从直观形象思维到抽象逻辑思维发展的过程。对于初学者而言，数学中的很多概念都是比较抽象的，因此如果能用形象的图形来解释抽象的概念，有助于学生理解和把握新内容。另外，代数式的几何意义也是解决问题的重要途径之一，且在一些情况下会有意想不到的收获。

在平面向量的教学中，向量的表示中就有几何表示，即用有向线段来表示向量。这是向量运算具有几何意义的基础。向量的线性运算包括了向量的加法、减法和数乘向量。其中向量的加法、减法可用三角形法则和平行四边形法则来进行运算。我们可以利用这两个法则来画出向量的和与差。反过来，题目中给出一些向量之间的关系时，也可以从图形来分析其隐含的内在关系。下面以具体例子进行说明。

例 3：已知 O 为 $\triangle ABC$ 所在平面内的一个点，点 O 满足关系式 $|\overrightarrow{OB}-\overrightarrow{OC}|=|\overrightarrow{OB}-\overrightarrow{OA}+\overrightarrow{OC}-\overrightarrow{OA}|$，尝试利用问题中给出的条件，判断出 $\triangle ABC$ 的形状。

解析：根据向量的减法法则，可以知道 $\overrightarrow{OB}-\overrightarrow{OA}+\overrightarrow{OC}-\overrightarrow{OA}=(\overrightarrow{OB}-\overrightarrow{OA})+(\overrightarrow{OC}-\overrightarrow{OA})=\overrightarrow{AB}+\overrightarrow{AC}$，$\overrightarrow{OB}-\overrightarrow{OC}=\overrightarrow{CB}$，如图 5-4 所示，画出两个向量 $\overrightarrow{AB}$ 和 $\overrightarrow{AC}$ 的和向量，而 $\overrightarrow{CB}$ 又是两个向量的差向量，根据题目中给出的条件，可以知道 $|\overrightarrow{AB}-\overrightarrow{AC}|=|\overrightarrow{AB}+\overrightarrow{AC}|$，即两个向量的和的模与该两个向量相减的模相等。再根据向量的加减法的平行四边形法则，由两个共起点的向量组成的平行四边形中，两条对角线就是向量的和和差，

因此，这个问题可以转化为平行四边形的两条对角线相等，从而推出这个平行四边形是矩形，从而得到 △ABC 是一个直角三角形。

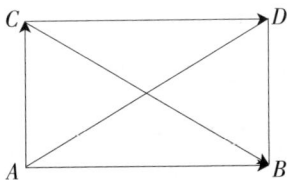

图 5-4 示意图

这道问题几乎完全是利用向量的几何运算来解答的。向量的几何运算包含了利用三角形法则和平行四边形法则进行加法、减法、数乘运算以及向量数量积的运算。用几何线段表示向量是沿用其物理背景中的做法，生动形象。向量的几何运算是向量的基础表示。有向线段是向量的"形"，这一直观形象与平面几何结合起来，可发挥巨大作用。有向线段是一种几何图形，向量的位置关系和大小关系与平面几何图形之间的位置关系和大小关系可相互转化。向量的工具性作用正体现在此处。学生在遇到此类题型时，基本上能够做到向量加减法的化简，然而却不容易想到用有向线段来表示向量。初学向量时接触的是几何表示法，然而越学到后面，反而会忘记这一表示方法。几何表示方法是向量与几何连接的纽带，教师在教学中应注重揭示向量与平面几何的联系，提高学生思维的灵活性。

（三）重视向量作为数形结合"桥梁"的作用

向量作为一个现代数学的内容之一，因其在解决问题中的突出优势和作用，在 20 世纪 90 年代被引入我国中学数学教育。向量既有几何表示，又有坐标表示，因此向量是连接代数与几何的重要桥梁。向量在解决几何问题时有重要应用，主要是求解或证明长度和角度问题。一方面可以利用向量及其运算的几何意义来求得平面几何中的数量关系和位置关系；另一方面，也可以借助于向量的坐标表示，把几何关系转化为代数运算。这是向量在进行数形转化中的应用的两个方面。

例 4：在平面直角坐标系 xOy 中，四边形 $ABCD$ 的边 $AB/\!/DC$，AD 平行 BC，已知点 $A(-2，0)$，$B(6，8)$，$C(8，6)$，那么点 D 的坐标是（   ）。

解析：根据题目当中的信息，可以画出这个问题的简单图示，如图 5-5 所示，将点 D 的坐标设为 $(x，y)$。

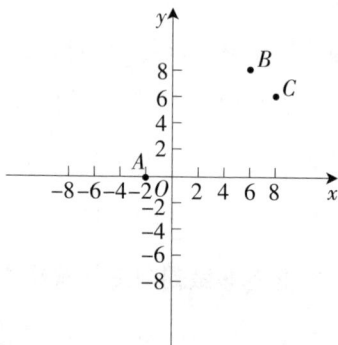

图 5-5　示意图

解题方法一：根据题意可以知道，$AB=DC$，并且 $\overrightarrow{AB}=(8，8)$，因此 $8-x=8$，$6-y=8$，最后可以得到点 D 的坐标为（0，-2）。

解题方法二：根据向量的加法原则，$\overrightarrow{BD}=\overrightarrow{BA}+\overrightarrow{BC}=(-8，-8)+(2，-2)=(-6，-10)$，所以 $x-6=-6$，$y-8=-10$，因此同样可以得到点 D 的坐标为（0，-2）。

变式训练：在平面直角坐标系 xOy 中，由 $ABCD$ 四个点构成的四边形为平行四边形，已知点 $A(-2, 0)$，$B(6, 8)$，$C(8, 6)$，则点 D 的坐标为 $(0, -2)$。

变式解析：在这道问题中，学生的思维容易被限制在几何的范围内容，从而忽视了问题当中的代数关系。从数学的角度来讲，解析几何是数学史上的一个伟大发明，它使得几何图形有了坐标上的表示，使数学概念有了更加精确的表述。向量在几何与代数的知识中起着连接的作用，是将几何问题转化为代数问题的重要中介，因此向量法是解决几何问题的重要工具，特别是针对一些标明了坐标的问题。

在解决向量问题时，在没有提示的情况下，大部分学生很难想到用坐标法，这与学生不习惯将几何与坐标联系起来有密切关系。几何问题借助于向量的坐标表示转化为代数问题，是高中解决几何问题的一种重要方法，也是数形结合的表现之一。代数运算相比于几何思考，多是程序化的计算，将所给的量全部坐标化，根据坐标运算的结果得出结论，再返回去看结果。向量在中学数学的应用更多的在于求解和证明几何图形的位置关系，向量的坐标化实现了从几何到代数的转化。

利用向量解决数学问题，所涉及的思维过程既有抽象思维也有形象思维。借助于向量的几何意义来理解和分析问题，更多是抽象思维转向形象思维。而借助于向量的坐标运算则是反过来的，形象思维有一定的局限性，又需要严密的抽象思维来进行拓展和补充。所以，注重向量教学中的数形转化，既有利于培养抽象思维和形象思维，也是将两者统一起来的途径之一。

二、数列教学案例设计

数列主要是研究数量关系，属于代数内容。然而，数列概念的理解、数列的性质的掌握以及数列问题的解决都离不开数形结合。

（一）在新课导入中关注图形的作用

概念是进行思维的基础，而数学概念大多数是远离生活实际的，对于学生来说是抽象的。因此，借助于图形来理解概念是概念教学中的常用手段。这就要求教师在设计教学时，要关注图形的形象性对抽象概念理解的作用，尽量用图来展示、引导、分析一个概念的生成过程，帮助学生全面把握概念。以数列概念教学为例，一般地，我们把"按一定次序排列的一列数"叫作数列，如 1，3，5，7…。其中"次序"两个字是数列定义的关键词。如何来理解这个"次序"？如果只是在黑板上列出一些数，学生极有可能认为只有从小到大或从大到小排成的一列数才叫数列，而其他没有按照这种大小顺序的数的排列不叫数列。为了防止这种问题出现，要求教师在新课导入中要注意强调一个数列生成过程的顺序性，且这种顺序不是数列中的数的大小顺序，而是其所在的位置顺序。

在这一过程中，图形可发挥重要的作用。实际上，教材也给出了不少图形来说明数列是如何从生活实例中抽象出来的。例如，北师大版《高中数学必修 5》的第一章数列的第一节中，用几何图形、表格、函数图像和柱形图四种图形来说明数列的产生。直观的图形在帮助学生理解抽象的数学概念方面具有不可替代的作用。很明显，教材中的数列的例子并不是按照大小顺序来形成的。

（二）在分析性质时注意数列与函数的联系

数列的概念中隐含了项与项数的对应关系。对于数列中的每个项数，都有唯一的项与之对应，而这种对应关系实际上就是函数关系，因而数列是一种函数。从函数的角度来理解数列，有助于我们直观分析数列的性质。同时也可以借助于函数的研究，即通过研究图像来获得其性质，从而全面把握数列的内涵。

1. 建立数列概念与函数的联系

按照奥苏贝尔对学习的分类，数列的上位概念是函数，数列的学习属于下位学习，因此数列与函数构成派生下位关系。而等差数列和等比数列作为两种特殊的数列，又与数列的概念构成新的派生下位关系。等差数列和等比数列作为两种特殊的数列，其通项公式 a_n 和前 n 项和公式 S_n 都可以看作关于自然数 n 的函数。等差数列的通项公式的图像是直线上的一些等间隔的点。等差数列的前 n 项和公式的图像是抛物线上的点。等比数列的通项公式和前 n 项和公式是指数型函数的图像上的点。因此，等差数列和等比数列的性质可以用前面学习的一次函数、二次函数和指数函数的性质来研究。

2. 利用函数图像分析数列相关问题

函数图像是解决函数问题的重要工具，函数单调性、奇偶性等概念的形成、函数性质的获得都离不开函数的图像。通过观察图像得到函数性质是我们研究函数的一般方法。图像从整体上反映了函数的变化特点，函数的单调性、最值等性质可从函数的图像直接获得。数列是一种特殊的函数，不同类型的数列对应于不同类型的函数，因此借助函数图像可获得相应数列的性质，从而解决数列问题。下面以具体例子进行说明。

例 5： （1）已知数列 $a_n=-n^2+4n+1$，求出 $\{a_n\}$ 的最大项；

（2）已知数列 $a_n=\dfrac{n^2-4n+9}{n}$，求出 $\{a_n\}$ 的最小项。

解析：求数列当中最大的一项的一般方法为，设 a_k 为数列当中的最大项，并且可以得到 $a_k \leqslant a_{k+1}$，并且 $a_k \geqslant a_{k-1}$，然后算出 k 的值即可。这个方法适用于所有的数列求最大项问题，但是不同问题所需要的运算量不同，因此这种方法很多时候是不方便的。

因此，在解决这个问题的过程中，学生可以将数列 a_n 看作 n 的二次函数，并且根据二次函数的图像（如图 5-6 所示）去求得最值，从而找出最大项，这就是第二种解决方法。

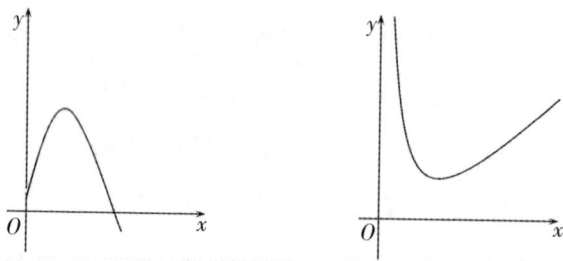

图 5-6　示意图

针对第（2）小题，学生可以先对问题进行化简，将上下同除以 n，从而得到 $a_n=n+\dfrac{9}{n}-4$，然后再用函数的性质去找出最小值。

这两小问都有两种解决的方法，解法一在思路上更加基础和简单，解法二则需要学生有良好的数形结合思想，能够将数列问题转化为函数问题等其他方面的问题，对学生的要求会高一些。

变式训练：（1）已知数列 $a_n=-n^2+5n+1$，求出 $\{a_n\}$ 的最大项；

(2) 已知数列 $a_n=\dfrac{n^2-4n+8}{n}$，求出 $\{a_n\}$ 的最小项。

变式与原题的区别在于原题中函数的最值即为数列的最值，变式中函数的最值不是数列的最值。因为数列是特殊的函数，自变量 n 只能取正整数。数列与函数的区别在于，一般的函数的定义域是实数内的连续的集合，而数列中自变量 n 只能取整数。当函数的最值对应的自变量 x 的值不是正整数时，应结合函数的性质找到符合条件的正整数。函数的定义域是函数的基础，脱离了定义域讨论函数是没有意义的。数列作为一种函数的特殊性正是在于定义域的特殊，一定要注意数列与函数的区别。

例6：等差数列 $\{a_n\}$ 中，$a_1=2$，$S_{17}=S_9$，那么当 n 等于多少时，前 n 项和是最大的？

解法一：将 $S_{17}=S_9$ 代入等差数列前 n 项和公式 $S_n=na_1+\dfrac{n(n-1)}{2}d$ 中，并且对式子进行化简，可以得到 $d=-\dfrac{4}{25}$。因此，$S_n=2n+\dfrac{n(n-1)}{2}\cdot\left(-\dfrac{4}{25}\right)=-\dfrac{2}{25}(n-13)^2+13\dfrac{13}{25}$。所以，当 $n=13$ 时，S_n 是最大的。

解法二：由等差数列的前 n 项和 S_n 为二次函数及 $S_{17}=S_9$ 可以知道，这个函数的二次函数对称轴为 $x=\dfrac{17+9}{2}=13$，所以函数的最大值在 $n=13$ 处取得，因此 S_n 的最大值为 S_{13}。

对于第一个情况，教师可以引导学生分析题目中未用到的条件，即首项 $a_1=2$。当 $n=1$ 时，$S_1=a_1=2>0$，在 x 轴的上方，所以开口是向下的。

而抛物线与 y 轴的交点，即 n 为 0 时 S_n 的值。这也是等差数列的前 n 项和公式和一般的二次函数解析式的区别所在，前者的常数项为 0。注意到这两个方面，就可以作出一个比较精确的 S_n 的简图。

数列的前 n 项和与数列的通项密切相关，前面所采用的方法都是直接从 S_n 本身出发，利用等差数列的前 n 项和为二次函数的性质来解决问题。也可以换个角度，从数列的通项公式入手来考虑这个问题。分析数列的通项 a_n 与前 n 项和 S_n 的关系，是求解 S_n 最值的一种常用方法。此时需要进行讨论。等差数列的基本量是首项 a_1 与公差 d，根据两个量的正负，可分为以下四种情况：$a_1>0$，$d>0$；$a_1>0$，$d<0$；$a_1<0$，$d>0$；$a_1<0$，$d<0$。只有在第三种情况下，S_n 才会存在最大值。

在解法二中，从图形来思考问题直观易懂，但也有可能出现一些问题。图形不能准确地描述问题，当然这也是形象思维的局限所在。因此，在本环节，教师要注意提醒学生应注意的点，引导学生既要从"形"的角度来想问题，也要辅助"数"来精确化。因此，这个内容既是培养形象思维，也是提高逻辑思维能力的环节。

本章结合前面对数形结合思想的理论探讨，对高中数学中的数形结合教学展开了归纳总结。本章从培养高中学生数形结合思想的注意事项、培养高中学生数形结合思想的主要途径以及相关的教学案例分析三个角度进行了全面的叙述。数形结合思想在高中数学教学中的渗透是教育改革的重要追求，在高中数学教学过程中，教师要认真分析学生的实际情况，了解数形结合渗透的原则等注意事项，采取有针对性的教学活动。

结束语

数形结合的思想方法长期扎根于高中数学教学活动当中，但是一直以来，受应试教育观念的影响，数形结合仅仅作为一种解题的工具被学生所理解，远没有发挥出其所具备的思维培养功能，给学生的思维发展和核心素养发展带来了严重的阻碍。在新课程改革的环境下，高中数学教师要重视发展学生的自主学习能力，鼓励学生培养满足自己终身发展所需的必备品格和关键能力，而数形结合思想作为一种优秀的数学思想方法，更应该被学生接受吸纳，成为提高学生思维品质的重要手段。

本书希望能够从理论与实践上形成一个关于高中数学中的数形结合教学的初步框架，为广大高中数学教师开展有效的数形结合教学提供必要的理论与教学策略。

希望本书能够抛砖引玉，吸引更多的教师思考数形结合在高中数学教学中的应用价值和应用方法，从而促进学生思维水平的提高。敬请各位专家及同行批评和指正。

参考文献

[1]李文林.数学史概论[M].北京:高等教育出版社,2002.

[2]罗增儒.学解题学引论[M].西安:陕西师范大学出版社,1997.

[3]任樟辉.数学思维理论[M].南宁:广西教育出版社,2001.

[4]徐斌艳.数学课程与教学论[M].杭州:浙江教育出版社,2003.

[5]钱佩玲.中学数学思想方法[M].北京:北京师范大学出版集团,2010.

[6]马波.中学数学解题研究[M].北京:北京师范大学出版集团,2011.

[7]曹一鸣.数学教学论[M].北京:高等教育出版社,2008.

[8]王元,陈德泉,计雷,等.华罗庚科普著作选集[M].上海:上海教育出版社,1984.

[9]王朝银.步步高大一轮复习讲义[M].哈尔滨:黑龙江教育出版社,2009.

[10]王朝银.步步高大二轮复习讲义[M].哈尔滨:黑龙江教育出版社,2011.

[11]波利亚(美).怎样解题[M].北京:科学出版社,1982.

[12]郑毓信.数学方法论[M].南宁:广西教育出版社,1996.

[13]邵瑞珍.教育心理学(修订本)[M].上海:上海教育出版社,1997.

[14]张同君.中学数学解题研究[M].长春:东北师范大学出版社,2002.

[15]罗增儒.数学解题学引论[M].西安:陕西师范大学出版社,2001.

[16]徐斌艳.数学课程与教学论[M].杭州:浙江教育出版社,2003.

[17]任樟辉.数学思维理论[M].南宁:广西教育出版社,2001.

[18]亚历山大洛夫等.数学:它的内容、方法和意义(第一卷)[M].北京:科学出版社,1958.

[19]李文林.数学史概论[M].北京:高等教育出版社,2002.

[20]顾明远.民族文化传统与教育现代化[M].北京:北京师范大学出版社,1998.

[21]张奠宙,过伯祥.数学方法论稿[M].上海:上海教育出版社,1996.

[22]周述岐.数学思想与数学哲学[M].北京:中国人民大学出版社,1993.

[23]斯特洛伊克.数学简史[M].北京:科学出版社,1956.

[24]袁小明.数学思想史导论[M].南宁:广西教育出版社,1991.

[25]解恩泽,徐本顺.数学思想方法[M].济南:山东教育出版社,1989.

[26]张肇炽,徐仲等.代数与几何基础[M].北京:高等教育出版社,2001.

[27]郑崇友,王智秋,王汇淳等.几何学引论(下)[M].北京:高等教育出版社,2000.

[28]汪晓勤,韩祥临.中学数学中的数学史[M].北京:科学出版社,2002.

[29]万哲先,李培信.谈谈解析几何的基本思想[J].数学通报,1961（9）:38-40.

[30]罗劲.顿悟的大脑机制[J].心理学报,2004,36（2）:219-234.

[31] 傅小兰,何海东.问题表征过程的一项研究 [J]. 心理学报,1995,27（2）:205-209.

[32]纪桂萍,焦书兰,何海东.小学生数学问题解决与心理表征[J].心理发展与教育,1996（1）:29-32.

[33]曾盼盼,俞国良.小学生视觉:空间表征类型和数学问题解决的研究[J].心理科学,2003,26（2）:268-271.

[34]路海东,董妍,王晓平.小学生数学应用题解决的认知机制研究[J].心理科学,2004,27（4）:867-870.

[35]陈英和,仲宁宁,耿柳娜.关于数学应用题心理表征策略的新理论[J].心理科学,2004,27（1）:246-247.

[36]胥兴春,刘电芝.问题表征方式与数学问题解决的研究[J].心理科学进展,2002,10（3）:264-269.

[37]杨小冬,方格,毕鸿燕,等.非空间问题中运用空间表征策略的研究综述[J].心理科学,2001,24（1）:78-80.

[38]李莉.学生学习数学概念的层次分析[J].数学教育学报,2002,11（3）:12-15.

[39]李善良.关于数学概念意象的研究[J].数学教育学报,2004,13（3）:13-15.

[40]喻平.数学概念学习刍议[J].课程·教材·教法,1995（4）:30-32.

[41]喻平,马再鸣.论数学概念学习[J].数学传播,2002（2）:89-96.

[42]何小亚.建构良好的数学认知结构的教学策略[J].数学教育学报,2002,11(1):24-26.

[43]汤服成,杨光伟.数学认知系统与数学学习迁移[J].广西右江民族师专学报,2003,16(6):1-4.

[44]李明振.数学问题表征的制约因素[J].贵州师范大学学报(自然科学版),1995,14(2):64-70.

[45]何小亚.解决数学问题的心理过程分析[J].数学教育学报,2004,13(3):34-36.

[46]毕力格图.数学教师学科教学知识发展的双环模式探究[J].教师发展论坛,2011(1):23-25.

[47]毕力格图.论中小学教师专业标准中的学科成分[J].教育理论与实践,2011(2):32-36.

[48]毕力格图.基于数学教育观的"理解"之理解[J].东北师大学报(哲学社会科学版),2011(2):159-163.

[49]毕力格图,张胜利,孔凡哲.关于数学教师学科专业知识发展水平的研究[J].教育探索,2011(4):118-120.

[50]朱新卓."教师专业发展"观评判[J].教育理论与实践,2002(8):32-36.

[51]秦君怡.把握教师专业发展思想探索教师专业发展途径[J].教育科研,2008(45):58-59.

[52]梁红京.促进教师专业发展的几种评价方式[J].教师发展与管理,2003(6):33-34.

[53]刘秀江,韩杰.对教师专业发展内涵的诠释[J].理论探索,2003

（4）:5-8.

[54] 张祥明. 对教师专业发展评价的重新审视 [J]. 教育评论,2002（1）:24-27.

[55] 徐建华. 对教师专业发展问题的思考 [J]. 教育探索,2005（1）:114-115.

[56]魏捷.高等院校如何助推教师专业发展[J].教育研究,2010（5）:105-108.

[57]蒋赟.高校青年教师专业发展的内涵与途径探析[J].文教资料,2008（12）:164-166.

[58] 李先富. 高校青年教师专业发展研究 [J]. 中国成人教育,2009（5）:77-78.

[59]周建华.高中数学骨干教师专业发展情况调查研究[J].教育研究,2012（2）:147-152.

[60]沈雪莱,陈伟杰.基于知识管理的教师专业发展[J].教育探究,2005（10）:99-101.

[61]朱永红.建立教师成长档案,促进教师专业发展[J].赣南医学院学报,2007（5）:748-749.

[62]宁虹,刘秀江.教师成为研究者:教师专业化发展的一个重要趋势[J].教育研究,2000（7）:39-41.

[63]周小山,严先元.教师的专业发展与教师教育一体化[J].成都教育学院学报,2004（10）:1-11.

[64]张学敏,张翔.教师职业专业化的异化与转型:基于社会分工演进的考察[J].教育研究,2011（12）:68-72.

[65]刘捷.教师职业专业化与我国师范教育[J].天津师范大学学报(社会科学版),2001(2):75-80.